中华人民共和国

# 个人信息保护法

## 重点解读与案例解析

刘新宇 / 编著

中国法制出版社
CHINA LEGAL PUBLISHING HOUSE

# 序　言

2021年8月20日，十三届全国人大常委会第三十次会议正式表决通过《中华人民共和国个人信息保护法》（以下简称《个人信息保护法》），该法将于2021年11月1日起正式施行。《个人信息保护法》是个人信息保护领域的基本法律，以保护个人信息权益、规范个人信息处理活动为核心，旨在实现个人信息权益保护与个人信息合理利用之间的平衡。该法共八章七十四条，分别从个人信息处理规则、个人信息跨境提供的规则、个人在个人信息处理活动中的权利、个人信息处理者的义务、履行个人信息保护职责的部门、违反相关规定的法律责任等多个方面作出规定，就个人信息保护构建起了基本的法律框架，完善了我国个人信息保护领域的立法顶层设计，与《网络安全法》《数据安全法》共同构成我国数据治理领域的“三驾马车”。

个人信息保护的时代已经到来。随着信息化发展与个人信息价值的凸显，近年来个人信息保护成为不同法律部门聚焦的热点，也逐渐凸显出其独立的法律价值。《个人信息保护法》的正式出台，填补了我国个人信息保护专门立法的空白，标志着我国个人信息保护领域进入新的时代。本书立足于个人信息保护理论与实务，就《个人信息保护法》全文进行逐条解读，提炼立法重点、分享实务要点，并针对个人信息保护实务案例与社会热点加以分析，致力于为读者提供及时、全面、细致的立法解读与合规指南，为个人信息保护实务贡献自己的微薄之力，以共同促进我国个人信息保护法律事业发展。

本书共设八章，分别与《个人信息保护法》的章节设定相对应，笔者根据自己的从业经验对立法规定逐一进行重点解读与实务分析，并就相关典型案例加以解析，力图以专业的法律从业者视角为读者提供前沿的实务观点和合规指引。本书第一章是对《个人信息保护法》“总则”部分的梳理，主要就立法目的、个人信息相关概念定义、法律适用范围以及基本原则等内容进行解读，摹画出个人信息保护立法的基本框架。第二章着重于“个人信息处理基本规则”，分三节介绍了本次立法中个人信息处理的一般规定、敏感个人信息的处理规则以及国家机关处理个人信息的特别规定，并结合现有实务案例进行要点解读，以使读者更加快速地理解个人信息保护的基本规则要义。第三章为“个人信息跨境提供的规则”，对于跨境提供个人信息的合规要件、处理规则、合规例外、国际协助处理规则进行梳理，本章为本次立法的全新规定，也凸显出个人信息跨境规制的重要意义。第四章为“个人在个人信息处理活动中的权利”，根据最新立法规定对个人信息知情权、决定权、查阅复制权、可携带权、更正权、删除权等权利内涵进行细化解读，并就死者个人信息保护问题加以分析。第五章为“个人信息处理者的义务”，主要包括个人信息处理者的一般安全义务、数据保护官规则、风险评估规则和泄露信息及时报告的义务，本章为数据企业合规实务提供了基础指引，具有重要的实务意义。第六章涉及“履行个人信息保护职责的部门”，立法确立了以网信办为主导的个人信息保护行政监管体系，并细化相应部门职责，构建起我国个人信息的基本监管框架。第七章为对“法律责任”部分的梳理，分别从民事责任、行政责任、刑事责任三个方面对违法收集、处理和利用个人信息行为应承担的法律责任加以解读，特别介绍了个人信息保护领域的公益诉讼制度。第八章为对“附则”部分的介绍，主要包括适用本法的例外情形以及相关名词定义。

在信息化时代，个人隐私和信息安全问题频发，人脸识别技术滥用、“大数据杀熟”、应用程序过度收集个人信息等技术问题时刻威胁着公民的个人信息安全，相关行业难点和痛点问题亟待整治。《个人信息保护法》在《中华人民共和国民法典》的基础上进一步完善细化了我国的个人信息保护规则，要求个人信息处理者不得过度收集个人信息，不得非法买卖、提供或公开他人个人信息，在公共场所安装图像采集装置必须设置显著提示标识等，《个人信息保护法》的出台为公民个人信息保护提供了有效的法律武器。此外，在互联网平台企业的数据纠纷中也有相当一部分案例涉及个人信息，进一步从竞争层面凸显出个人信息保护的法律价值和理论意义。正所谓时代有所呼、立法有所应，《个人信息保护法》的出台正当其时，该法是我国个人信息保护领域的基本法律，凝结着我国立法、执法和司法各界法律从业人士和实务人员的心血和经验，为我国公民的个人信息保护扣上了法律“安全锁”，也为数据类企业的良性竞争和数字经济发展秩序提供了可供遵循的重要法律。本书正是根植于个人信息保护的各领域实务视角，以《个人信息保护法》正式出台为契机，结合典型案例及笔者多年数据合规执业经验就现阶段个人信息保护实务重点和实操要点加以解读分析，以飨读者。

感谢中国法制出版社编辑刘晓霞老师的敬业与耐心，在其协助下本书写作任务才得以高效完成。同时感谢团队中葛舒、张培培、吴豪雳、冯中杰、杨海鹏、边雪松、卢佳宏、闻林等多位成员的共同不懈努力，使得本书能够在《个人信息保护法》出台后第一时间与读者见面。仓促成稿，难免挂一漏万，如有错漏之处，望各位读者不吝赐教。

是为序。

刘新宇

2021 年 8 月 31 日

# 目　　录*

## 第一章　总　　则



## 第二章　个人信息处理规则



* 本书设置【重点解读】【实务要点】【案例解析】【关联法条】四个板块，其中有典型案例解析内容的条文已标注＊。

## 第三章 个人信息跨境提供的规则



## 第四章 个人在个人信息处理活动中的权利

## 第五章　个人信息处理者的义务



## 第六章　履行个人信息保护职责的部门

## 第七章　法律责任



## 第八章　附　则



## 核心关联法规

## ★附赠关联法规★

免费赠送如下内容电子版，请扫描封底“法规编辑部”二维码，在公号“资料下载”处获取。

国家网络安全事件应急预案

（2017年1月10日）

全国人民代表大会常务委员会发布关于加强网络信息保护的决定

（2012年12月28日）

国务院反垄断委员会关于平台经济领域的反垄断指南

（2021年2月7日）

最高人民法院、最高人民检察院关于检察公益诉讼案件适用法律若干问题的解释

（2020年12月29日）

中华人民共和国居民身份证法

（2011年10月29日）

中华人民共和国护照法

（2006年4月29日）

中华人民共和国反洗钱法

（2006年10月31日）

中华人民共和国反恐怖主义法

（2018年4月27日）

中华人民共和国统计法

（2009年6月27日）

中华人民共和国档案法

（2020年6月20日）

中华人民共和国治安管理处罚法

（2012年10月26日）

中华人民共和国公务员法

（2018年12月29日）

中华人民共和国公职人员政务处分法

（2020 年 6 月 20 日）

征信业管理条例

（2013 年 1 月 21 日）

不可靠实体清单规定

（2020 年 9 月 19 日）

## ★附赠案例详情★

本书【案例解析】板块在案情介绍中对每个案例进行了提炼精简，需要获取“案例详情”的读者，可以下载附赠电子版。

# 第一章　总　　则

**第一条　【立法目的】**[1]

为了保护个人信息权益，规范个人信息处理活动，促进个人信息合理利用，根据宪法，制定本法。

## 重点解读

本条阐明了《个人信息保护法》[2] 的立法目的。

《宪法》规定，国家尊重与保障人权，公民的人格尊严不受侵犯，公民的通信自由和通信秘密受法律保护。制定《个人信息保护法》，是保障公民上述宪法权利的重要举措。

在我国的一些早期立法中，已经对“个人信息”的保护有所提及，例如2004年1月1日生效的《居民身份证法》第六条第三款规定：“公安机关及其人民警察对因制作、发放、查验、扣押居民身份证而知悉的公民的个人信息，应当予以保密。”2007年1月1日生效的《护照法》第十二条第三款规定：“护照签发机关及其工作人员对因制作、签发护照而知悉的公民个

① 条文主旨为编者所加，下同。

② 本书法律法规文件名称均省去“中华人民共和国”字样，以简称表述。

人信息，应当予以保密。”

这一期间关于“个人信息保护”的法律规定相对分散而且仅适用于个别领域。在2008年的《全国人民代表大会法律委员会关于第十一届全国人民代表大会第一次会议主席团交付审议的代表提出的议案审议结果的报告》中，多位代表均提出“我国在个人信息保护方面缺乏相应的法律法规，公民个人信息被不正当采集、恶意使用、非法转卖牟利等现象屡屡发生，建议尽快制定个人信息保护法，完善合理的个人信息保护制度”。

2009年，《刑法》首先对个人信息保护的需求作出了回应。我国通过刑法修正案增设了“出售、非法提供公民个人信息罪”，将“个人信息”明文纳入了《刑法》的保护范围，这是我国对个人信息进行立法保护的里程碑之一。

随后在2012年，全国人民代表大会常务委员会发布《关于加强网络信息保护的决定》，其中第一条明确：“国家保护能够识别公民个人身份和涉及公民个人隐私的电子信息。任何组织和个人不得窃取或者以其他非法方式获取公民个人电子信息，不得出售或者非法向他人提供公民个人电子信息。”2013年通过的《消费者权益保护法》也吸取了上述规定的精神，在第二十九条规定：“经营者收集、使用消费者个人信息，应当遵循合法、正当、必要的原则，明示收集、使用信息的目的、方式和范围，并经消费者同意。经营者收集、使用消费者个人信息，应当公开其收集、使用规则，不得违反法律、法规的规定和双方的约定收集、使用信息……”

随着互联网时代的到来，人们在享受到更多便利的同时，自身的个人信息也暴露在更大的风险之下。2014 年，最高人民法院公布了《关于审理利用信息网络侵害人身权益民事纠纷案件适用法律若干问题的规定》，将利用网络公开个人信息认定为一种侵权行为，并明确因此受到损害的被侵权人有权要求赔偿。2017 年，《网络安全法》正式实施，从“网络信息安全”的角度明确规定了网络运营者的多项个人信息保护义务。同年，《民法总则》颁布，并在第一百一十一条中规定：“自然人的个人信息受法律保护。任何组织和个人需要获取他人个人信息的，应当依法取得并确保信息安全，不得非法收集、使用、加工、传输他人个人信息，不得非法买卖、提供或者公开他人个人信息。”从民事基本法层面确立了公民就个人信息享有的权益。2020 年通过的《民法典》在此基础上更进了一步，于“人格权编”下以专章对“隐私权和个人信息保护”作出了规定。

相较于《民法典》侧重于个人信息保护的立场，《个人信息保护法》在第一条即明确其立法目的在于实现个人信息权益保护与合理利用之间的平衡。就保护而言，《民法典》将自然人的个人信息权益作为人格权益进行保护，明确了个人信息保护的基本规则，《个人信息保护法》系在《民法典》相关个人信息保护规则基础上的进一步细化。同时，在数字时代，个人信息的价值不由分说，个人信息的合理利用可以为人们的生产生活带来巨大便利，推动经济发展。因此，在保护个人信息的基础上合法利用个人信息，在合法利用个人信息的过程中持续保护个人信息，才是最为恰当的做法。

## 实务要点

本条作为原则性规定，可能在《个人信息保护法》未有明确规则的场景下为监管部门或司法机构援引或适用，如从法益平衡的角度来分析对个人信息处理者的某些信息保护要求是否合理，是否会对信息的利用产生不合理的负担，等等。

## 关联法条

《宪法》第三十八条、第四十条；《全国人民代表大会常务委员会关于加强网络信息保护的决定》；《网络安全法》第一条；《数据安全法》第一条。

**第二条　【个人信息受法律保护】**

自然人的个人信息受法律保护，任何组织、个人不得侵害自然人的个人信息权益。

## 重点解读

本条明确了自然人享有个人信息权益。

本条承袭自《民法典》第一百一十一条与第一千零三十四条，再次重申自然人的个人信息受法律保护，并强调任何人不得侵害自然人的“个人信息权益”。类似表述亦见于2021年7月28日发布的《最高人民法院关于审理使用人脸识别技术处理个人信息相关民事案件适用法律若干问题的规定》第二条中。该条将对“个人信息”中“人脸识别信息”的侵害认定为对

"自然人人格权益"的侵害，从而明确了自然人就"个人信息"享有"人格权"性质的权益。

## 实务要点

个人信息与隐私权的关系是实务中处理个人信息保护纠纷时往往要面对的问题。《民法典》第一千零三十四条第三款规定的"个人信息中的私密信息，适用有关隐私权的规定；没有规定的，适用有关个人信息保护的规定"，协调了个人信息与隐私权的关系，修改后的《民事案由规定》亦明确个人信息保护纠纷为单独的案由，个人信息与隐私权的分野亦逐渐清晰。

诚然，个人信息与隐私权有一定的相似之处，某些具备私密性的个人信息，如婚姻状况、家庭关系、通讯记录等，亦可能落入隐私权的保护范畴，但两者仍存在一定的区别。其一，隐私权保护的客体形态不限于信息，还可以是私人活动、个人的生活安宁等；其二，从权利的内容上看，个人信息权益的核心在于个人对个人信息的决定与支配，强调的是个人的控制权，而隐私权侧重于隐藏个人隐私，确保私密信息不被泄露；① 其三，从保护的方式上看，对个人信息的保护更侧重于预防，而对于隐私的保护则更重于事后救济。②

---

① 张新宝：《从隐私到个人信息：利益再衡量的理论与制度安排》，载《中国法学》2015 年第 3 期。

② 王利民：《论个人信息权的法律保护——以个人信息权与隐私权的界分为中心》，载《现代法学》2013 年第 4 期。

## 案例解析

**＊案情介绍**①

本案原告黄某是某软件公司手机阅读应用的用户。在使用该手机阅读应用的过程中，黄某发现在未经其授权的情况下，该手机阅读应用自动关注了其他使用该应用的用户，这些用户都是黄某在该软件公司开发的另一款社交软件上的好友。不仅如此，手机阅读应用还自动向该社交软件上的好友公开了黄某的阅读书目、读书感想等信息。事实上，只要是黄某在该社交软件上的好友并使用了该手机阅读应用，即使并未在手机阅读应用中互相关注，其与黄某也可以互相查看对方通过手机阅读应用浏览的书籍。

基于上述情况，黄某认为，软件公司的社交软件与手机阅读应用软件是相互独立的软件，软件公司在未经过其授权的情况下，将手机阅读应用中的信息分享给社交软件好友，侵犯了其个人信息权益与隐私权，应当作出赔偿。

**＊法律解析**

个人信息权益与隐私权是两项不同的权利，因为不同用户对于个人信息可能存在消极地加以保护和积极地进行利用等不同类型的期待，因此不能将全部的个人信息一概纳入隐私范畴。具体到本案中，法院认为应当分别讨论软件公司的行为是否侵害了个人信息权益与隐私权，而不能直接混为一谈。

就"侵犯个人信息权益"的主张，首先需要认定被公开的

---

① "案例详情"全文，请扫描封底"法规编辑部"二维码，在公号"资料下载"处获取电子版。

信息是否属于黄某的“个人信息”。就判断标准而言，可以采取两种思路：第一是从信息到个人，即能否依据相关信息识别出特定的自然人；第二是从个人到信息，即某项信息是否仅因特定自然人的活动而产生。只要符合以上任何一种情形，该项信息就属于“个人信息”。

就本案而言，根据各方提供的证据，手机阅读应用自动获取了黄某在社交软件上的好友列表，并将黄某的阅读信息对好友列表公开。其中，好友列表信息是因黄某的社交活动产生的信息，而读书信息也是因为黄某个人的阅读行为产生的信息，二者均是因黄某的活动产生的，应当被认定为黄某的个人信息。在此基础上，结合手机阅读应用的用户协议，在收集黄某好友列表的信息时，手机阅读应用已经作出了相应提示并取得了黄某的同意，不违反合法、正当、必要的基本原则。但是，就手机阅读应用向黄某社交软件好友公开其阅读信息的行为，阅读应用的用户协议并未明确告知黄某该事项并取得黄某同意，因此，法院认为该等公开个人信息的行为构成了对黄某个人信息权益的侵犯。

而就黄某“侵犯隐私权”的主张，需判断本案中软件公司获取的好友列表信息和读书信息是否具有私密性。

就好友列表信息而言，本案中软件公司获取的好友列表信息内容，包括黄某的用户名、昵称等网络身份标识信息。这些信息组合达到了个人信息层面的识别性标准，但并未达到获知黄某与好友真实社交关系的程度。换言之，从实际使用情况来看，读书软件获取的好友列表，本质上是“联系人列表”，并未体现特定联系人或部分联系人与黄某真实关系的亲疏远近，尚未达到私密的程度。

就阅读信息而言，本案中被公开的阅读信息，包括两本图书本身的内容以及黄某阅读了这两本书的事实。从两本图书的内容来看，本身并无社会一般合理认知下不宜公开的私密信息；从黄某阅读了这两本图书的事实来看，不足以达到因阅读该两本书籍而形成对黄某人格的刻画，进而可能对其人格利益造成损害的程度。因此，黄某的读书信息未达到私密性标准。

综上，法院认为本案中的好友信息和阅读信息并未达到私密性标准，因此手机阅读应用处理相关信息的行为并未侵犯黄某的隐私权。最终，法院判决被告软件公司应当就其侵害个人信息权益的行为承担赔偿责任。

本案主审法院有意识地将个人信息与隐私权进行了区分，并且明确了二者所保护的法益实际上存在区别，一项行为即使不侵犯隐私权，也有可能对权利人的个人信息权益造成损害。因此，本案也是对于个人信息处理者的一个提示，即不能因为个人信息并非隐私信息就疏忽大意，对于所有的“个人信息”都应当按照法律规定的要求、程序进行处理，履行必要的保护义务，否则就可能陷入争议与合规风险之中。

## 关联法条

《民法典》第一百一十一条、第一千零三十四条；《最高人民法院关于审理使用人脸识别技术处理个人信息相关民事案件适用法律若干问题的规定》。

**第三条　【适用范围】**

在中华人民共和国境内处理自然人个人信息的活动，适用本法。

在中华人民共和国境外处理中华人民共和国境内自然人个人信息的活动，有下列情形之一的，也适用本法：

（一）以向境内自然人提供产品或者服务为目的；

（二）分析、评估境内自然人的行为；

（三）法律、行政法规规定的其他情形。

## 重点解读

本条明确了《个人信息保护法》的适用范围。

与世界各国和地区的主流实践相类似，《个人信息保护法》采取了属地与属人相结合的适用范围，并赋予了必要的域外适用效力，以更好地实现维护自然人个人信息权益的目的。在《个人信息保护法》生效前审议通过的《数据安全法》第二条也采取了类似的立法思路。考虑到个人信息与数据保护的特殊性，此类域外适用效力的规定或将成为未来该领域立法与规范性文件的常见条款。

此外，对于在中国境外处理的境内自然人个人信息的情形，《个人信息保护法》第五十三条提出了在中国境内设立专门机构或指定代表负责处理个人信息保护相关事务的要求，此举有助于有效实现本条第二款的立法目的，提高境内的自然人或监管机构与个人信息处理者的沟通效率，以切实维护自然人的权利，并改善对境外主体实施监管的效果。

## 实务要点

本条明确了《个人信息保护法》具有域外效力，境外个人信息处理者在符合本法规定情况下的个人信息处理行为亦可能被纳入本法监管。本条列举了《个人信息保护法》域外适用的几种情形：

其一为以向境内自然人提供产品或者服务为目的处理个人信息，如为向境内自然人提供物流配送服务而收集境内自然人地理位置信息，即可能纳入此条规定的范畴。其二为分析、评估境内自然人的行为，这里的分析、评估既包括自行收集个人信息并分析、评估境内自然人行为的情形，亦包括受托分析、评估境内自然人行为的情形。若境外个人信息处理者通过分析、评估境内自然人行为，无论是否基于此自行或协助第三方开展营销、推广等活动，该等分析、评估行为都可能被纳入本条的适用范围之内。其三为法律、行政法规规定的其他情形，为后续法律、行政法规增加其他域外适用情形留下了空间。

## 关联法条

《数据安全法》第二条。

**第四条　【个人信息及个人信息处理的定义】**

个人信息是以电子或者其他方式记录的与已识别或者可识别的自然人有关的各种信息，不包括匿名化处理后的信息。

个人信息的处理包括个人信息的收集、存储、使用、加工、传输、提供、公开、删除等。

## 重点解读

本条规定了“个人信息”和“个人信息的处理”的定义。

从“个人信息”的定义看，《个人信息保护法》延续了《网络安全法》第七十六条第一款第五项和《民法典》第一千零三十四条的思路，并借鉴了欧盟《通用数据保护条例》（General Data Protection Regulation，GDPR）第 4 条的界定标准，采用“识别 + 关联”的方式划定了个人信息的范围，即“与已识别或者可识别的自然人有关的各种信息”。此外，本条将“匿名化处理后的信息”排除在“个人信息”的范围之外，也就意味着匿名化信息不需要受到本法的规制。需要注意的是，个人信息是否实现“匿名化”也有明确的标准，《个人信息保护法》第七十三条第四项明确规定，“匿名化”的信息不仅应当“无法识别特定自然人”，还必须确保“不能复原”。如不满足上述条件，相关信息即不属于“匿名化”的个人信息，依然需要受《个人信息保护法》的规制。

从“个人信息的处理”的定义来看，《个人信息保护法》在沿用了《民法典》第一千零三十五条第二款以及《数据安全法》第三条规定的基础上，将个人信息的删除亦纳入个人信息处理的范畴，基本涵盖了个人信息全生命周期的各项活动，这意味着个人信息全生命周期的处理活动均受到本法的规制，处理者在每个环节的个人信息处理行为都应当遵守《个人信息保护法》的规定。

## 实务要点

对于个人信息处理者而言，本条明确了个人信息的定义，有助于确定哪些信息需要按照《个人信息保护法》的标准采取保护措施。如前所述，个人信息既包括与已识别自然人有关的信息，也包括与可识别自然人有关的信息。因此，即使个别信息无法单独用于识别特定自然人，处理者也应当评估该信息能否在与其他信息结合后被用于识别特定自然人，如果存在此类可能性，则也应当按照“个人信息”的要求和标准对此类信息进行处理。

实务中一个常见的问题是，“已识别”与“可识别”之间有什么区别。对此，可以用身份证上的信息为例进行说明。身份证包含身份证号、姓名、出生年月日、民族、家庭地址等信息。这些信息里面，身份证号码具有唯一性，单独的身份证号码就是特定自然人的个人信息，这就属于“已识别”的自然人的个人信息。就“可识别”而言，只有姓名或者只有家庭住址都无法识别到指定的自然人，因为单独来看，姓名存在重名的可能性，而一个家庭住址一般来说会有一家好几口人同时居住，但是这二者都能够在一定程度上将某些人与其他人区分开，对于识别到特定自然人来说都发挥着一定的作用而非毫无关联。因此，单独来看，姓名和家庭住址均属于“与可识别自然人有关的”个人信息，二者一旦结合就指向了特定的自然人，也就转化成了“已识别”自然人的个人信息。

## 案例解析

**＊案情介绍**

某二手车公司A开发、运营某App，为不特定公众提供有偿二手车历史车况信息查询、车辆检测、汽车保修、二手车估价等服务。

余某诉称，2020年12月，其在与车辆意向购买人磋商过程中，得知对方用其提供的机动车行驶证上所载的车架号，在该App付费查询了车辆的历史车况信息，并获得了详细记录车辆行驶数据、维保数据等信息的《历史车况报告》。余某认为《历史车况报告》综合反映了其本人驾驶特征、维保行踪、消费能力、消费习惯等，可间接识别余某身份，属于余某的个人信息及个人隐私。A公司未经其同意，擅自有偿向他人提供上述信息，侵犯其个人信息。余某遂诉至法院请求判令A公司立即删除App中的车况信息并赔偿其经济损失3000元。

**＊法律解析**

本案中，法院认为案涉历史车况信息是否为个人信息，关键在于该信息能否单独或者与其他信息结合识别特定自然人。据此，法院指出：

1. 从信息内容看，案涉历史车况信息的内容未出现身份信息、通信联系方式等能直接识别特定自然人的信息。其中的行驶数据、维保数据也未显示车辆维修保养机构的位置信息和维修保养的具体年月日，不能以此识别出自然人的行踪轨迹。

2. 从信息特征看，案涉历史车况信息仅能反映所查车辆的使用情况，其内容既不涉及具体个人，也不被用于评价具体个人的行为或状态，无法关联到车辆所有人等特定的自然人。

3. 从信息来源看，根据日常车辆使用经验，产生车况信息的主体除车主外，亦可能为亲友、维修人员、保险人员等，无法通过车况信息精准识别到车辆的实际使用人是否为余某本人。

4. 从信息重新结合识别特定自然人的成本看，将车况信息与其他信息结合识别所需的技术门槛、经济成本、耗费时间等都较高。同时，各数据提供方将其所持有的数据采用脱敏化技术传输给A公司汇集整理并出具相关报告，在一定程度上降低了一般公众将车况信息与第三方信息结合重新识别特定自然人的可能性。

综上，法院认为案涉车况信息无法被认定为个人信息。基于此，法院判决驳回原告余某的全部诉讼请求。判决现已生效。

个人信息最显著的特征是“可识别性”，即通过个人信息可以直接或结合其他信息关联到特定自然人。本案中，双方诉争的车况信息、行驶数据、维保数据等信息仅能够用于识别到特定车辆，而无法通过相关信息精准识别到特定的自然人，故而相关信息不宜被认定为个人信息。

## 关联法条

《民法典》第一千零三十四条、第一千零三十五条；《网络安全法》第七十六条；《数据安全法》第三条。

**第五条　【处理个人信息的原则】**

处理个人信息应当遵循合法、正当、必要和诚信原则，不得通过误导、欺诈、胁迫等方式处理个人信息。

## 重点解读

本条明确了处理个人信息的合法、正当要求。

在《网络安全法》第四十一条第一款要求收集使用个人信息应遵循合法、正当、必要原则的基础上，《个人信息保护法》与《民法典》第一千零三十五条第一款的规定相类似，要求包括收集、使用个人信息等在内的个人信息处理活动均应当遵守合法、正当、必要的原则。在此基础上，《个人信息保护法》增加了“诚信原则”作为个人信息处理的原则之一。诚信原则是我国民法中的一项重要原则，也与本条中“不得通过误导、欺诈、胁迫等方式”处理个人信息的要求相呼应。

## 实务要点

在实践中，存在部分个人信息处理者以欺诈、误导行为要求权利人提供个人信息的情况，比如，以添加联系人为由申请用户的通讯录权限，用户打开权限后上传整个通讯录，并将该类信息用于发送商业广告或其他目的。再如，通过积分、奖励、优惠等方式欺诈、误导用户提供身份证号码以及人脸信息、指纹信息等个人生物特征信息。类似行为都可能落入本条的管辖范围，并导致个人信息处理者因此承担法律责任。

## 案例解析

### * 案情介绍

某公司为一家主要从事进口食品经销活动的超市。为进行促销活动，该公司通过运营的微信公众号平台为顾客办理了会员卡，并根据顾客在超市消费的金额赠送相应的积分。2017年11月起，该公司对会员开展积分兑换购物抵用券（现金抵用券）活动，会员每100积分兑换10元。在为顾客办理积分兑换过程中，该公司要求顾客必须先行提供身份证号码、家庭地址、家庭人口等个人信息，再为顾客办理积分兑换手续，否则不予兑换。截至案发，该公司共收集了277名顾客会员的个人信息。

**＊法律解析**

监管部门认定，案涉公司在经营活动中，未遵循必要性原则，在无须收集消费者身份证号码、家庭住址、职业、家庭人口等个人信息就可以为顾客办理积分兑换的情况下，在会员积分兑换中，收集了顾客的上述个人信息。该行为违反了《消费者权益保护法》的规定，并最终对该公司处以了相应的罚金。

就个人信息而言，目前部分公民的保护观念淡薄，没有意识到自身信息的价值，往往愿意为了低廉的优惠就直接对外提供，部分企业也从中看到收集个人信息的商机。但此种收集方式，实际上很有可能就会违反“必要和诚信原则”，并受到相应的处罚。本案中，消费者身份证号码、家庭住址、职业、家庭人口等个人信息与消费者兑换会员积分并不存在直接关联，即使不收集相关信息，亦不会影响案涉公司为消费者提供会员积分兑换服务。案涉公司收集消费者身份证号码、家庭住址、职业、家庭人口等个人信息明显超出了个人信息处理的必要范围，而且也存在欺骗、误导客户进而违反诚信原则的嫌疑。

## 关联法条

《民法典》第一千零三十五条；《网络安全法》第四十一条；《数据安全法》第三十二条。

**第六条 【处理个人信息的必要性要求】**

处理个人信息应当具有明确、合理的目的，并应当与处理目的直接相关，采取对个人权益影响最小的方式。

收集个人信息，应当限于实现处理目的的最小范围，不得过度收集个人信息。

## 重点解读

本条明确了处理个人信息必要性要求的具体内涵。

本条汲取了《信息安全技术 个人信息安全规范》（GB/T 35273－2020）第5.2条的精神，对处理个人信息必要性要求的内涵作了具体阐释。其一，个人信息的处理应当与处理的目的有直接的关联，即若没有相关信息的参与，处理目的无法实现；其二，收集个人信息应当限于实现处理目的的最小范围，这里的最小范围不仅包括收集数量的最小化，亦应当包括信息收集频率的最小化。

## 实务要点

在实务中，个人信息历来被视为商业机会的“富矿”，超出必要范围收集个人信息也一直是监管部门整治的重点问题。2019 年，国家网信办、工信部、公安部，以及市场监管总局联合发布了《App 违法违规收集使用个人信息行为认定方法》，将六类行为明确认定为“违反必要原则，收集与其提供的服务无关的个人信息”，具体包括：“1. 收集的个人信息类型或打开的可收集个人信息权限与现有业务功能无关；2. 因用户不同意收集非必要个人信息或打开非必要权限，拒绝提供业务功能；3. App 新增业务功能申请收集的个人信息超出用户原有同意范围，若用户不同意，则拒绝提供原有业务功能，新增业务功能取代原有业务功能的除外；4. 收集个人信息的频度等超出业务功能实际需要；5. 仅以改善服务质量、提升用户体验、定向推送信息、研发新产品等为由，强制要求用户同意收集个人信息；6. 要求用户一次性同意打开多个可收集个人信息的权限，用户不同意则无法使用。”

上述规定可以作为个人信息处理者实务中自查时的参照标准，如存在类似情形的，应当及时进行整改，以避免合规风险。同时，考虑到本条明确规定处理者有义务将收集行为对个人权益的影响降到最低，因此也建议处理者在收集一项个人信息之前应当进行必要性论证，避免因过多采集个人信息而承担责任。

## 案例解析

### ＊案情介绍

鉴于 App 侵害个人信息的现象较为普遍，国家互联网信息办公室依据法律和有关规定，持续对各类 App 的个人信息收集使用情况进行检测，并且不定期地公示通报相关检测结果。这些通报就提及了不少 App 存在超出必要范围收集个人信息的情况。

以 2021 年 5 月 10 日国家互联网信息办公室发布的“App 违法违规收集使用个人信息情况”的通报为例，在 84 款被通报的 App 中，“违反必要原则，收集与其提供的服务无关的个人信息”的超过 60 款。而在 2021 年 5 月 21 日国家互联网信息办公室发布的“App 违法违规收集使用个人信息情况”通报中，105 款被通报的 App 中也有近 60 款被认定为“违反必要原则，收集与其提供的服务无关的个人信息”。两次通报涉及的 App 类型涵盖安全管理、网络借贷、短视频、浏览器等多个类别，其中甚至包括一些头部企业的 App。

**＊法律解析**

通过上述数据，不难发现“违反必要原则，收集与其提供的服务无关的个人信息”可以算是目前 App 行业内的最为严重的问题之一，这自然也成为国家互联网信息办公室等部门监督、检查的重中之重。

部分个人信息处理者可能对此尚抱有侥幸心理，认为“通报整改”并不能算是非常严重的法律责任。但值得注意的是，随着监管的完善与公民个人信息保护意识的觉醒，对于此类行为的惩处很可能越来越严厉，例如《个人信息保护法》第 70 条已经明文规定了个人信息公益诉讼制度，未来也不排除出现其他新的个人信息保护及处罚措施。因此个人信息处理者还是应当严格遵守法律规定，尽可能减少乃至避免出现超出必要范围过度收集个人信息的情况。

## 关联法条

《民法典》第一千零三十五条；《网络安全法》第四十一条；《App违法违规收集使用个人信息行为认定方法》第四点。

**第七条　【明示个人信息处理规则的要求】**

处理个人信息应当遵循公开、透明原则，公开个人信息处理规则，明示处理的目的、方式和范围。

## 重点解读

本条明确了明示个人信息处理规则的要求。

与《网络安全法》第四十一条以及《民法典》第一千零三十五条第一款第二项相类似，《个人信息保护法》要求个人信息处理者明示个人信息处理规则。这就意味着，个人信息处理者要让个人信息处理在阳光下进行，不得隐瞒个人信息处理规则。公开个人信息处理规则，本质上是在保障权利人的知情权。就处理规则的内容而言，至少应当包括处理个人信息的目的、方式、范围等。

## 实务要点

就公开个人信息处理规则而言，实践中常见的做法是将个人信息处理规则通过个人信息保护政策或用户协议等文本向用户进行展示。

关于展示时的具体标准，《App 违法违规收集使用个人信息行为认定方法》对于 App 公开收集使用规则的方式进行了规定，或可以作为企业实务的参照。该规定列举了四类“未公开收集使用规则”的情形，包括“1. 在 App 中没有隐私政策，或者隐私政策中没有收集使用个人信息规则；2. 在 App 首次运行时未通过弹窗等明显方式提示用户阅读隐私政策等收集使用规则；3. 隐私政策等收集使用规则难以访问，如进入 App 主界面后，需多于 4 次点击等操作才能访问到；4. 隐私政策等收集使用规则难以阅读，如文字过小过密、颜色过淡、模糊不清，或未提供简体中文版等”。对个人信息处理者而言，若相关业务渠道中无个人信息处理规则，或未采用弹窗等方式向个人明示，或个人信息处理规则难以访问、难以阅读，均可能被认定为“未明示个人信息处理规则”。

个人信息处理者在进行合规整改时，可以参照上述规定，逐项确认自身是否存在上述情形，并及时作出相应调整。

## 案例解析

### * 案情介绍

P 公司运营的购物 App 将“已阅读并同意服务协议与隐私政策”以浅灰色字体标注于页面的最底端，未以明显方式提示消费者。同时，该模块未设置是否确认选项，用户未经阅读亦可直接进入 App 首页进行操作。后原告购买的货物与宣传的不符，原告于收货地起诉 P 公司，要求其承担侵权损害赔偿，P 公司提起管辖权异议，主张服务协议约定的管辖地为上海市长宁区，应由上海市长宁区法院管辖。

＊法律解析

法院经审理认为，此类服务协议与隐私政策关于用户权利的规定应当被视为一种“格式条款”。本案App中“已阅读并同意服务协议与隐私政策”的模块系浅灰色字体标注于页面底端，也没有设置确认选项，属于P公司未能采取合理方式提请消费者注意的情形，因此对于消费者认为该服务协议与隐私政策无效，其中的管辖权条款亦无效的主张，法院予以支持，并裁定驳回P公司的管辖权异议申请。

本案中当事人虽未要求法院针对隐私政策的整体效力作出认定，但法院认定服务协议中管辖权条款无效的过程或可作为认定此类条款效力的参考。如前所述，服务协议或个人信息保护政策通常是个人信息处理者处理信息的合法性基础。如果包含个人信息处理规则的协议或条款被认定为无效，可能直接影响个人信息处理行为的效力。因此，在设计展示个人信息处理规则的相关界面时，处理者应当确保其便于用于阅读，并且引导用户通过主动勾选、主动点击等方式确认相关个人信息处理规则，以降低被认定为未公开个人信息处理规则的风险。

## 关联法条

《民法典》第一千零三十五条；《网络安全法》第四十一条；《App违法违规收集使用个人信息行为认定方法》第一点、第二点。

**第八条 【个人信息的准确、完整要求】**

处理个人信息应当保证个人信息的质量，避免因个人信息不准确、不完整对个人权益造成不利影响。

## 重点解读

本条明确了个人信息的准确、完整要求。

与欧盟《通用数据保护条例》（GDPR）第 5 条第 1 款 d 项的规定相类似，《个人信息保护法》提出了个人信息的准确、完整要求。在大数据时代，每时每刻都有海量的信息在产生、流动和被使用，这之中不乏过期、存在疏漏和偏差的信息。挖掘个人信息的目的在于更好地利用个人信息，如果个人信息本身就存在偏差，那么利用该数据得出的结论也未必能够与权利人相符合。其结果不仅可能对权利人的利益造成损害，对个人信息处理者自身业务的开展，也可能带来负面的影响。

## 实务要点

从实务的角度，个人信息处理者可以在有必要时保持适时更新。例如，金融机构收集的身份证件信息，在身份证件到期时，金融机构可以及时通知个人进行更新。此外，本条亦是个人行使更正权的前提，对于个人信息处理者而言，应当设立相应的反馈渠道，以便权利人发现收集的个人信息存在偏差时可以及时告知信息处理者并作出更正。

## 案例解析

**＊案情介绍**

2018年4月，A女士同某消费金融公司签署了一份16.2万元的个人消费贷款合同，贷款期限约定36个月。2020年2月，A女士向某消费金融公司申请因疫情影响延期还款，后者将其还款期限延至2020年底。

2021年5月24日，A女士在查询个人征信时发现，其职业信息“工作单位”一栏中竟然出现了侮辱性字样。中国人民银行A支行表示不当信息为与A女士有借贷关系的某消费金融公司上传。5月25日，中国人民银行B支行约谈了该消费金融公司，并责令其在线修改相关职业信息。5月26日，中国人民银行B支行发布公告，决定暂停该消费金融公司的征信系统查询权限，并责成其内部整改，切实落实各项监管要求。

**＊法律解析**

本案虽是一种极端情形，但亦侧面说明了个人信息处理者确保个人信息准确性的重要性，处理个人信息不准确可能带来严重的法律责任。对于个人信息处理者而言，应当采取必要的措施确保个人信息处理的准确性。尤其当信息主体对其个人信息的准确性提出异议时，应当采取必要措施进行核实和更正。

## 关联法条

《民法典》第一千零三十七条。

**第九条　【个人信息处理者安全保障责任】**

**个人信息处理者应当对其个人信息处理活动负责，并采取必要措施保障所处理的个人信息的安全。**

## 重点解读

本条明确了个人信息处理者承担保障个人信息安全责任的要求。

在《个人信息保护法》出台之前，《网络安全法》与《数据安全法》均从各自的角度就如何保障个人信息/数据的安全作出了规定。《网络安全法》第四十二条第二款规定："网络运营者应当采取技术措施和其他必要措施，确保其收集的个人信息安全，防止信息泄露、毁损、丢失。在发生或者可能发生个人信息泄露、毁损、丢失的情况时，应当立即采取补救措施，按照规定及时告知用户并向有关主管部门报告。"《数据安全法》则在"第四章 数据安全保护义务"以整章规定了数据处理者所应当承担的各类义务。《个人信息保护法》中本条的规定，亦承袭了上述规定的精神。就个人信息处理者的个人信息处理的全生命周期而言，其都需要履行本条规定的个人信息安全保障义务。

## 实务要点

就实务而言，个人信息处理者所采取的"必要措施"可以分为技术措施与管理措施。从技术措施的角度来说，包括个人信息的去标识化存储、加密传输等。从管理措施的角度来说，企业宜在明确个人信息安全责任部门和个人信息安全负责人的基础上，设置必要的访问控制措施和个人信息安全管理制度，明确处理者内部各部门在个人信息处理上的职责划分，定期开展个人信息安全培训，制定必要的个人信息安全应急预案，从多个维度尽可能降低个人信息安全事件发生的可能性。

## 案例解析

**＊案情介绍**

某省某市辖区内多家快递企业的快递单未对用户个人信息采取隐匿化等有效保护措施，直接显示客户姓名、电话号码等个人信息，存在泄露公民个人信息重大隐患。

该省该市人民检察院对此立案调查并向该市邮政管理局（以下简称市邮政局）发出诉前检察建议，建议其依法全面履行快递市场安全监督管理职责，督促快递企业采取有效手段保护用户信息安全。

收到检察建议后，市邮政局印发《关于切实做好邮政行业用户信息安全保护的通知》并进行专项整改。整改后，快递企业有的在运单上加盖了个人信息保护提示印章，有的在快递网点和快递车悬挂了信息安全提醒标语。部分企业的快递单和快递员通信终端用户手机号已全部实现匿名化技术处理。其他快递企业正在参照推进。各快递企业销毁纸质运单105万份，所有快递企业今后不再留存纸质运单。

**＊法律解析**

本案系检察机关通过“提出检察建议，督促相关主体依法履行职责”的方式参与到个人信息保护中的典型案例。快递运单存储大量公民个人信息，但实践中部分物流企业对运单中相关个人信息的安全并未充分重视，也未采取必要的安全保障措施，个人信息甚至在运单上明文展示。这可能导致运单上的个人信息被不法分子获取、利用，危及公民人身、财产安全，侵害社会公共利益。

对于物流企业而言，其作为个人信息处理者，应当采取必要的措施，确保其处理的个人信息安全，未对运单上展示的个人信息进行处理即是其未充分履行个人信息安全保障义务的重要体现。

## 关联法条

《民法典》第一百一十一条；《网络安全法》第四十二条；《数据安全法》“第四章 数据安全保护义务”。

**第十条 【个人信息处理者的禁止性行为】**

任何组织、个人不得非法收集、使用、加工、传输他人个人信息，不得非法买卖、提供或者公开他人个人信息；不得从事危害国家安全、公共利益的个人信息处理活动。

## 重点解读

本条规定了个人信息处理者不得实施的个人信息处理行为。

在《民法典》第一千零三十五条第一款第四项要求的基础上，《个人信息保护法》新增了处理个人信息不得危害国家安全、公共利益的要求，划定了处理个人信息的红线。此外，本条通过列举的方式，注明了几种违反法律、行政法规规定的典型情况，处理者应当对此给予足够的重视，避免此类情形的出现。

## 实务要点

对于个人信息处理者而言，不仅需要在平常的个人信息处理活动中避免触犯本条规定的红线要求，还应当对其雇员实施必要的约束，采取必要的技术和管理措施，避免因雇员实施了违反本条规定的行为，对个人信息处理者的商誉造成不利影响。

## 案例解析

### * 案情介绍

陈某1、陈某2系同胞兄弟，2013年至2016年，陈某2从某信息服务有限公司数据库获取区分不同行业、地区的手机号码信息提供给陈某1，被告人陈某1以人民币0.01元/条至0.2元/条不等的价格在网络上出售，获利金额累计达人民币2000余万元，涉及公民个人信息2亿余条。另有多人通过向陈某1购买个人信息再对外转售的方式，获取了大量利润。

法院经审理，以侵犯公民个人信息罪的罪名，分别判处陈某1、陈某2及其他相关涉案人员有期徒刑2年4个月至4年6个月不等，并处罚金10万元至100万元不等，并追缴了所有犯罪所得。

### * 法律解析

本案中各被告非法获取个人信息并进行倒卖的行为，触犯了侵犯公民个人信息罪。同时，由于被告陈某2是某大型通信公司的全资子公司员工，且通过其员工的身份直接获取了2亿余条个人信息，在该案件公开后，相应通信公司的商誉受到了严重的负面影响。个人信息处理者应当加强内部管理和员工教育，并采取必要的措施，以降低因员工违法违规行为对个人信息处理者造成不利影响。

## 关联法条

《刑法》第二百五十三条之一。

**第十一条　【国家在个人信息保护中的职责】**

国家建立健全个人信息保护制度，预防和惩治侵害个人信息权益的行为，加强个人信息保护宣传教育，推动形成政府、企业、相关社会组织、公众共同参与个人信息保护的良好环境。

## 重点解读

本条规定了国家在个人信息保护工作中的职责。

以个人信息保护制度为基础，预防和惩治侵害行为，加强宣传教育，积极推动政府、企业、社会组织、公众参与个人信息保护，如此多措并举，能够有效提高我国个人信息保护的整体水平。

## 实务要点

本条明确了国家将推动形成政府、企业、相关社会组织、公众共同参与个人信息保护良好环境的宏观安排，充分体现了国家层面对个人信息保护的重视。对于企业而言，主动参与到个人信息保护环境建设中，主动履行企业的公共职能，既有利于良好的个人信息保护社会环境的建设，也有利于体现企业的社会责任，提高企业的社会声望，助力企业发展。

## 关联法条

《数据安全法》第九条。

**第十二条　【个人信息保护的国际合作机制】**

国家积极参与个人信息保护国际规则的制定，促进个人信息保护方面的国际交流与合作，推动与其他国家、地区、国际组织之间的个人信息保护规则、标准等互认。

## 重点解读

本条明确了个人信息保护领域的国际合作机制。

积极参与国际交流与合作，参与国际规则的制定，成为“游戏规则”的制定者，推动规则、标准等的互认，能够在推动国际合作的同时更好地维护我国的国家利益和公民的个人信息权益。

## 实务要点

个人信息作为数字经济时代具有重要商业价值的资产，其商业价值只有在流通中方才能够体现。而在国际经济交流与合作越发频繁和紧密的当下，个人信息的跨境流动几乎不可避免，个人信息保护是一项需要国际社会通力合作的事业。

鉴于不同国家对个人信息保护的立法存在一定的差异，不同国家和地区的企业的个人信息保护能力和所采用的保护标准也存在一定的差别，对于个人信息处理者而言，应当更加关注我国与其他国家就个人信息保护、跨境数据流动等领域达成的各类合作与协定及其可能对个人信息处理者造成的影响。

## 关联法条

《数据安全法》第十一条。

# 第二章　个人信息处理规则

## 第一节　一般规定

**第十三条　【处理个人信息的合法性基础】**

符合下列情形之一的，个人信息处理者方可处理个人信息：

（一）取得个人的同意；

（二）为订立、履行个人作为一方当事人的合同所必需，或者按照依法制定的劳动规章制度和依法签订的集体合同实施人力资源管理所必需；

（三）为履行法定职责或者法定义务所必需；

（四）为应对突发公共卫生事件，或者紧急情况下为保护自然人的生命健康和财产安全所必需；

（五）为公共利益实施新闻报道、舆论监督等行为，在合理的范围内处理个人信息；

（六）依照本法规定在合理的范围内处理个人自行公开或者其他已经合法公开的个人信息；

（七）法律、行政法规规定的其他情形。

依照本法其他有关规定，处理个人信息应当取得个人同意，但是有前款第二项至第七项规定情形的，不需取得个人同意。

## 重点解读

本条明确了处理个人信息的合法性基础。

作为《个人信息保护法》最核心、最重要的条文之一，本条扩张了处理个人信息的合法性基础。从处理个人信息合法性基础的演变看，《网络安全法》第四十一条第一款明确了收集使用个人信息的合法性基础为“被收集者同意”。自《网络安全法》于2017年6月1日生效以来，同意成为收集使用个人信息的唯一合法性基础。《民法典》第一千零三十五条第一款第一项沿用了“同意”作为合法性基础，同时增加了“法律、行政法规另有规定的除外”的例外规定。《个人信息保护法》即属于此处“另有规定”的法律，其与《民法典》第一千零三十五条第一款相衔接，并基于此增加了多项个人信息处理的合法性基础。

从内容看，本条第一款第一项到第五项的规定，与欧盟《通用数据保护条例》（GDPR）第6条第1款a－e项相类似，又存在一定区别。

第一项规定的情形为“同意”，结合《网络安全法》实施以来的实践情况，《个人信息保护法》就如何取得同意在本章中进行了进一步的细化，此处不再赘述。

第二项规定的情形为“为订立、履行个人作为一方当事人的合同所必需，或者按照依法制定的劳动规章制度和依法签订的集体合同实施人力资源管理所必需”。

就“订立、履行个人作为一方当事人的合同所必需”，系指如果一项个人信息处理行为系个人信息处理者作为一方当事人订立或者履行合同时所必需的，则该等个人信息处理行为合法。换言之，若该等个人信息处理行为并非合同订立时或履行过程中所期待会发生的，则无法适用本项作为合法性基础。

“按照依法制定的劳动规章制度和依法签订的集体合同实施人力资源管理所必需”，旨在调整单位与员工的个人信息处理关系。实践中，部分单位存在基于员工同意处理员工个人信息的情形。考虑到劳动关系中，员工对企业依附性较强，企业往往处于较为强势的地位，在该等情形下，同意是否系员工自主作出，是否体现了员工的真实意思亦不易判断。或是出于这样的考量，《个人信息保护法》增加了“按照依法制定的劳动规章制度和依法签订的集体合同实施人力资源管理所必需”作为处理员工个人信息的合法性基础。实践中，若无法充分论证该等同意系员工自愿作出，或只能更多依据本项，在实施人力资源管理所必需的范畴内处理员工个人信息。

第三项规定的情形为“为履行法定职责或者法定义务所必需”。在《网络安全法》项下，同意是收集、使用个人信息的唯一合法性基础，这意味着即使企业因法定职责或义务的要求而需要收集个人信息，仍需要取得个人同意。在该等情形下，若个人拒绝同意，可能产生不同法律关系下企业义务与个人同意之间的冲突，基于此，有必要明确个人信息处理者基于履行法定职责或者法定义务处理个人信息的合法性。根据本项规定，若个人信息处理者要以本项作为处理个人信息的合法性基础，则意味着其个人信息处理行为需要有明确的法律依据作为支撑。例如，《反洗钱法》第三章专章规定了金融机构的反洗钱义务，并在第三章第十六条第二款规定“金融机构在与客户建立业务关系或者为客户提供规定金额以上的现金汇款、现钞兑换、票据兑付等一次性金融服务时，应当要求客户出示真实有效的身份证件或者其他身份证明文件，进行核对并登记”，在该等场景下，金融机构收集客户的身份证件信息属于履行法定职责或者法定义务所必需的个人信息处理，具备合法性基础。

第四项规定的情形为“为应对突发公共卫生事件，或者紧急情况下为保护自然人的生命健康和财产安全所必需”。此项明确了在某些特殊情形下，公共利益、自然人的生命健康和财产安全优先于自然人的个人信息权益。例如，在应对新冠肺炎疫情中，大数据应用为联防联控提供了有力支持，特别是在进行流行病学调查和查找密切接触者方面。但在开展上述联防联控工作的过程中，往往需要收集、使用和分析大量的个人信息。该等个人信息的处理是基于应对突发公共卫生事件、维护公共利益的角度出发，在此情形下，相较于自然人的个人信息权益，公共利益的保护应当优先。同样，在某些紧急情况下，可能需要为保护自然人的生命健康和财产安全处理自然人的个人信息，此时如再通过同意或其他方式获取个人信息主体的同意，或难以实现在紧急情况下保护自然人生命健康和财产安全的需要。此项实质上为个人信息处理者在特定情形下处理个人信息提供了依据。

第五项规定的情形为“为公共利益实施新闻报道、舆论监督等行为，在合理的范围内处理个人信息”。本条明确了为实施新闻报道、舆论监督等行为可以在合理范围内处理个人信息，但对于该等行为施加了“公共利益”目的作为限缩。例如，若为了报道某官员的贪腐行为，收集并通过新闻向社会公众传递其贪腐行为相关的个人信息，一般来说可以适用本项。

第六项规定为“依照本法规定在合理的范围内处理个人自行公开或者其他已经合法公开的个人信息”。对于已经依法公开的个人信息，信息主体往往对于个人信息公开的情形已经知悉，且其公开个人信息的行为亦意味着信息主体对于该等被公开的个人信息可能被收集、使用的情况有所预期。同时，在部分情形下个人信息处理者直接接触个人信息主体可能存在一定的困难，允许其在合理范围内处理已公开的个人信息亦是为解决该等现实需求。

第七项进行了兜底规定，为“法律、行政法规规定的其他情形”留下了口子，保留了一定的条款弹性。

同时，本条第二款明确，依照“同意”之外的合法性基础处理个人信息，无须取得个人同意，强调了七项合法性基础之间是并列关系，亦有效避免了法律内在的冲突。

## 实务要点

1. 如何理解“订立、履行合同所必需”

对于何谓“订立、履行合同所必需”，笔者认为，主要需要从以下几个方面综合考量：

其一，此处的“必需”应当是客观上的必需，而非个人信息处理者或信息主体所理解的必需。具体而言，可以参考《个人信息安全规范》第5.2条a项对个人信息处理是否必需进行判定，即该等个人信息处理行为是否与实现产品或服务的业务功能（合同的目的）有直接关联。如果某项个人信息处理行为没有实施，将导致合同无法订立或履行的，则该项个人信息处理行为可以被认定为“订立、履行个人作为一方当事人的合同所必需”。例如，电商平台在为消费者提供商品配送服务时需要收集消费者的收货地址以完成配送，如果不收集收货地址，则无法提供配送服务。此时，消费者的收货地址即是电商平台为履行同消费者的服务合同所必需收集的个人信息。但如果不需要实施个人信息处理行为，或通过实施对个人信息主体的个人信息权益影响更小的个人信息处理行为亦可以实现合同目的，则原个人信息处理行为不宜被认定为“履行合同所必需”的个人信息处理行为。

其二，此处的“合同”，应理解为同产品和服务直接相关的合同，而非仅将个人信息处理行为作为合同目的的合同。例如，App用户同App服务提供者之间的隐私政策不应被视为此处的“合同”。

其三，就处理期间来看，由于这一合法性基础依赖于合同的订立或履行，故当合同履行完毕之后，个人信息处理者不宜再基于“订立、履行合同所必需”实施个人信息处理行为。

就具体可适用“为履行合同所必需”作为合法性基础的个人信息范围而言，《常见类型移动互联网应用程序必要个人信息范围规定》划定了三十九种常用类型App收集个人信息的最小必要信息范围，在一定程度上可以作为实践中的判定参考。

2. 如何理解这七项合法性基础之间的界限

从《个人信息保护法》的立法体例来看，这七项合法性基础是并列关系，即一项个人信息处理行为只要符合这七项中的一项，即为合法。

从实务角度如何综合理解这几项合法性基础的界限呢？试以银行贷款业务为例。例如，自然人去银行办理住房贷款业务，根据《反洗钱法》的规定，银行需要收集自然人的身份证件，这属于“为履行……法定义务所必需”而处理个人信息的情形；如果该自然人想及时了解每期还款后银行账户的款项变动情况，则需要开通短信通知，银行为了向该自然人提供短信通知的服务就需要收集该自然人的手机号码，这就属于“为订立、履行……合同所必需”而处理个人信息的情形；在贷款审批过程中，为贷款风控之目的，银行可能需要通过公开途径检索该自然人的涉诉情况，如果检索到相应的涉诉判决书，银行往往会下载留档，此时即是在合理范围内处理已公开的个人信息的体现；而如果银行想要使用自然人的个人身份信息、理财信息、贷款信息等进行分析，用于后续对该自然人进行个性化营销，这不属于本条规定的第二至七项，因此若银行想要在该场景下处理该自然人的信息，就需要获得该自然人的同意。

## 案例解析

### ＊案情介绍

某会计师事务所基于同意处理了其员工的个人信息，希腊数据保护局根据欧盟《通用数据保护条例》（GDPR）向该会计师事务所处以15万欧元的处罚，理由是：

（1）该会计师事务所使用了不恰当的法律依据——“同意”，非法处理其员工的个人信息；

（2）该会计师事务所以不公平且不透明的方式处理其员工的个人信息，使员工错误地认为公司处理他们个人信息的法律依据是 GDPR 第 6 条第 1 款第 a 项，即数据主体已经对基于一个或多个具体目的而处理其个人数据的行为表示同意，而这些信息实际是基于员工从未被告知的其他法律依据进行处理的；

（3）该会计师事务所负有证明其信息处理行为符合 GDPR 的义务，但其却无法证明，而这违反 GDPR 规定的可问责性原则。

为此，执法机构要求该会计师事务所在 3 个月内进行整改。

**＊法律解析**

本案是 GDPR 项下首个涉及员工个人信息违规的处罚，或可作为“按照依法制定的劳动规章制度和依法签订的集体合同实施人力资源管理所必需”之参照。实践中，若无法充分论证该等同意系员工自愿作出，或只能更多依据本项，在实施人力资源管理所必需的范畴内处理员工个人信息。

对于用人单位而言，并不是所有场景下都可以将同意作为处理员工个人信息的合法性基础。考虑到用人单位与员工之间并非绝对的平等主体关系，两者之间可能存在一定的权利不平等，若用人单位无法证明该等同意是基于员工的自由意志，则应当审慎考虑是否以同意作为处理员工个人信息的合法性基础。

## 关联法条

《网络安全法》第四十一条；《民法典》第一千零三十六条。

**第十四条　【取得个人同意】**

基于个人同意处理个人信息的，该同意应当由个人在充分知情的前提下自愿、明确作出。法律、行政法规规定处理个人信息应当取得个人单独同意或者书面同意的，从其规定。

个人信息的处理目的、处理方式和处理的个人信息种类发生变更的，应当重新取得个人同意。

## 重点解读

本条规定了个人信息处理者在基于同意处理个人信息的情形下取得同意的方式。

就一般情形而言，个人信息处理者需要依据《个人信息保护法》第七条的规定向个人明示个人信息处理规则，在确保个人充分知情的基础上，由个人自愿作出明确的意思表示。

就特殊情形而言，若法律或行政法规明确规定在某些场景下处理个人信息应当取得个人单独同意或者书面同意的，则个人信息处理者应当遵守相应的规定。《个人信息保护法》第二十三条、第二十五条、第二十六条、第二十九条、第三十九条规定了需要单独同意的五种情形，分别是“向第三方提供其处理的个人信息”“公开其处理的个人信息”“对外提供个人图像、个人身份特征信息”“基于个人同意处理敏感个人信息的”以及“向中国境外提供个人信息”。

同时，本条第二款要求个人信息处理者在“处理目的、处理方式和处理的个人信息种类发生变更”的情形下，需要重新取得个人信息主体的同意。鉴于个人信息主体是否同意个人信息处理主要是基于对处理目的、处理方式和处理的个人信息的种类的认识并在此基础上作出的判断，当处理目的、方式和信息种类发生变更时，原有的同意亦自然失效。此时要求个人信息处理者重新取得个人同意，亦是对信息主体权利的尊重。

## 实务要点

1. 同意应当如何作出

本条明确，同意应在个人充分知情的前提下自愿、明确作出。实务中，对于基于用户同意处理用户个人信息的情形，一般宜以弹窗等形式引导用户阅读《个人信息保护政策》等个人信息授权文本，通过《个人信息保护政策》主动向用户充分说明处理个人信息的规则，并由用户以手动点击确认、手动勾选同意等“主动性”动作作出同意。

2. 重新取得用户同意应当如何实现

本条明确，在个人信息的处理目的、方式和处理的个人信息种类发生变更的情形下，应当重新取得个人同意。就重新取得同意而言，一般在相关处理行为对应的业务功能发生变更时，通过重新弹窗等形式要求用户重新作出同意。

## 案例解析

**＊案情介绍**

2019 年 4 月，郭某与其妻子向某野生动物世界购买了双人年卡，并以微信支付方式向该野生动物世界交付卡费 1360 元。

根据购卡时的合同约定，郭某与其妻子可以使用指纹识别的方式入园。购卡后，郭某与其妻子留下姓名、身份证号码、电话号码等信息并录入指纹，该野生动物世界还拍摄了郭某及其妻子的照片，在未经二人同意的情况下，通过照片获取了人脸识别信息。

2019 年 7 月，野生动物世界以提高游客入园的通行效率为由，决定将入园方式从指纹识别入园调整为人脸识别入园，并向包括郭某在内的年卡用户发送了短信通知，随后便停用了指纹识别的闸机。对此，郭某认为，野生动物世界与其签订的原合同约定以“指纹识别”作为入园方式，现在野生动物世界擅自将入园方式变更为“人脸识别”，属于违反合同约定。故郭某将野生动物世界诉至法院，要求其作出赔偿，并删除已经收集的个人信息。

一审法院经审理认为，首先，野生动物世界通过单方通知的形式对合同进行了变更，改变了合同约定的履行方式，客观上增加了郭某履行合同的负担，违反了合同的约定，因此应当承担违约责任并赔偿郭某的损失。其次，根据原合同约定，野生动物世界将采取指纹识别的方式入园，就这一服务而言，野生动物世界收集郭某及其妻子的人脸识别信息并无必要，加之野生动物世界在收集时并未获得郭某及其妻子的同意，而是私自从郭某及其妻子的照片上获取了二人的人脸识别信息，故郭某有权要求野生动物世界删除已经收集的人脸识别信息。最后，就其他已经收集的个人信息（如指纹信息等），因为野生动物世界在收集前已经取得了郭某的同意，故该收集行为合法有效，郭某请求删除相关信息，法律依据不足。

最终，一审法院判决野生动物世界删除人脸识别信息并赔偿郭某相应的损失，但是无需删除其他已经收集的个人信息。

郭某不服一审法院的最后一项认定，提出上诉。二审法院经审理后认为，虽然郭某办理指纹识别年卡时对收集指纹等个人信息表示同意，选择权并未受到限制或侵害，但鉴于野生动物世界停止使用指纹识别闸机，致使原约定的入园服务方式无法实现，故二审法院最终在一审判决的基础上增判野生动物世界删除郭某办理指纹识别年卡时提交的指纹识别信息等个人信息。

**＊法律解析**

本案中，野生动物世界拍摄郭某及其妻子照片的目的实际是进行人脸识别，但是该野生动物世界却刻意向二人隐瞒了这一点，在野生动物世界未明示该收集行为的情况下，郭某及其妻子同意拍摄照片并不能被当然解释为同意提供人脸识别信息。因此，野生动物世界获取人脸识别信息的行为实质上并未取得二人的同意。

在《个人信息保护法》正式生效后，如个人信息处理者使用此类未经当事人同意而收集的个人信息甚至有可能直接违反关于个人信息的保护规定并遭致相应的处罚。因此，未经个人同意，不合法地收集个人信息对于处理者而言可谓得不偿失。

## 关联法条

《网络安全法》第四十一条。

第十五条　【同意的撤回】

基于个人同意处理个人信息的，个人有权撤回其同意。个人信息处理者应当提供便捷的撤回同意的方式。

个人撤回同意，不影响撤回前基于个人同意已进行的个人信息处理活动的效力。

## 重点解读

本条明确了在个人信息处理者基于个人同意处理个人信息的情形下，个人有撤回同意的权利。

相较于《网络安全法》和《民法典》，《个人信息保护法》首次专门从法律层面规定了个人有权撤回同意，并要求个人信息处理者提供便捷的撤回同意方式，便利个人信息主体行使权利。

同时，考虑到撤回同意前的处理行为系合法作出，本条第二款明确撤回授权同意不影响撤回前基于授权同意的个人信息处理。

## 实务要点

从实践角度，如果个人信息处理者通过《个人信息保护政策》等授权文本获得个人同意而处理个人信息，应当在App等业务开展渠道中设置撤回同意的路径，或通过客服等为个人提供撤回同意的方式。

部分个人信息处理者实践中存在以较为隐蔽方式提供撤回同意的路径，或为撤回同意设置不必要障碍的情形，希望以此

“诱导”部分用户放弃撤回同意。本条明确要求个人信息处理者应当提供便捷的撤回同意的方式，意在规制个人信息处理者的该等“小心思”。

## 案例解析

### ＊案情介绍

刘某系A公司员工，153××××××××系A公司公用号码。刘某曾以153××××××××的电话号码下单寄送快递，并在寄送快递时向某快递公司出示过其身份证，且通过与某快递公司达成的电子运单契约条款同意某快递公司对该号码及刘某的身份信息进行保存。

后刘某同事严某以153××××××××的电话号码下单寄送快递，某快递公司根据电话号码关联的身份证信息，将严某所下运单寄件人身份证件号码登记为刘某。

刘某在2020年6月通过致电某快递公司客服，已经明确表示不同意某快递公司将153××××××××的电话号码在其系统中与刘某身份证件号码关联储存，某快递公司未予处理，后刘某于2020年7月就此正式发送律师函，通知某快递公司解除上述关联储存并删除系统中刘某的个人信息，某快递公司对此仍未及时采取合理措施。刘某遂起诉要求某快递公司赔礼道歉、消除影响，并赔偿维权合理开支和精神损害抚慰金。

### ＊法律解析

就个人信息的收集而言，刘某曾以153××××××××的电话号码下单寄送快递时向某快递公司出示过其身份证，且通过与某快递公司达成的电子运单契约条款同意某快递公司对该号码及身份信息进行保存，故此时某快递公司收集刘某的个人身份证件号码信息并与该电话号码在其系统中关联存储并不构成对刘某个人信息的侵权。但是，刘某在2020年6月通过致电某快递公司客服已经明确表示不同意某快递公司将153××××××××的电话号码在其系统中与刘某身份证件号码关联储存，某快递公司未予处理，后刘某于2020年7月就此正式发送律师函，通知某快递公司解除上述关联储存并删除系统中刘某的个人信息。上述行为可以视为刘某以实际行动作出的撤回同意的行为。但某快递公司对此仍未及时采取合理措施，此时某快递公司继续存储刘某身份证件号码的行为已经侵害了刘某的个人信息权益，应当承担侵权责任。

**第十六条　【不得拒绝提供产品或者服务】**

个人信息处理者不得以个人不同意处理其个人信息或者撤回同意为由，拒绝提供产品或者服务；处理个人信息属于提供产品或者服务所必需的除外。

## 重点解读

本条要求个人信息处理者不得将同意个人信息的处理作为提供产品或者服务的前提条件。

如果个人不同意处理其个人信息或者撤回其对个人信息处理的同意，而相对应的个人信息是属于提供产品或服务所必需的，则个人信息处理者可以拒绝提供产品或服务。但个人信息处理者不得将信息主体同意处理非必要信息作为提供产品或者服务的前提，不得因信息主体不同意非必需的个人信息处理而拒绝提供产品或者服务。



## 实务要点

本条所规定的“必需”同《个人信息保护法》第十三条规定的“必需”的判断标准较为相似，即相应的个人信息处理行为应是信息主体选择购买产品或接受服务时可以预见的个人信息处理行为。

例如，在金融借贷场景下，收集使用用户的通讯录信息一般来说不属于提供金融借贷服务所必需的信息，用户不同意提供通讯录信息或者之前同意提供通讯录信息现在想要撤回处理通讯录信息的同意，金融机构不得以此拒绝提供金融借贷服务。

**第十七条 【告知的要求】**

个人信息处理者在处理个人信息前，应当以显著方式、清晰易懂的语言真实、准确、完整地向个人告知下列事项：

（一）个人信息处理者的名称或者姓名和联系方式；

（二）个人信息的处理目的、处理方式，处理的个人信息种类、保存期限；

（三）个人行使本法规定权利的方式和程序；

（四）法律、行政法规规定应当告知的其他事项。

前款规定事项发生变更的，应当将变更部分告知个人。

个人信息处理者通过制定个人信息处理规则的方式告知第一款规定事项的，处理规则应当公开，并且便于查阅和保存。

## 重点解读

本条规定了处理个人信息前告知信息主体的要求。

本条第一款列举了详细的告知要求，包含以下几个要点：（1）告知时间：处理个人信息前；（2）告知语言要求：以显著方式、清晰易懂的语言告知，即不得使用有歧义、容易引起误解或者大量使用晦涩难懂的专业术语进行告知；（3）告知的原则：真实、准确、完整；（4）告知的具体内容要求，包括“处理者的名称或者姓名和联系方式”“处理目的、处理方式，处理的个人信息种类、保存期限”“个人行使本法规定权利的方式和程序”“法律、行政法规规定应当告知的其他事项”。

第二款规定了告知事项变更的情况下的告知要求，即应当重新告知信息主体。

第三款规定了通过制定个人信息处理规则的方式告知的特殊要求，要求规则应该公开，且便于查阅和保存。这一方面能够确保信息主体在需要时能够随时查看、了解个人信息处理规则，另一方面要求相关规则便于“保存”，意味着个人信息处理者需要提供保存的方式或途径供个人信息主体保存，如提供下载个人信息保护政策的途径等。

需要指出的是，本条并未对告知要求的适用情形作出任何限制，这意味着在《个人信息保护法》项下，无论基于《个人信息保护法》项下的任何一类合法性基础处理个人信息，均需要履行本条规定的告知要求，除非属于《个人信息保护法》第十八条规定的例外情形。

## 实务要点

1. 如何理解告知的内容要求

《个人信息保护法》规定的告知内容包括“名称或者姓名和联系方式”“处理目的、处理方式，处理的个人信息种类、保存期限”“个人行使本法规定权利的方式和程序”“法律、行政法规规定应当告知的其他事项”。

就联系方式而言，提供个人信息处理者的客服电话、个人信息保护专用客服电话、个人信息保护部门联系电话/邮箱等均是实践中较为常见的做法。

就“处理目的、处理方式，处理的个人信息种类、保存期限”而言，在一定程度上可以理解为《个人信息保护法》第七条规定的“个人信息处理规则”的范围，举例来说，收集个人信息时，需要告知收集个人信息的目的、收集方式（直接收集、间接收集等）、收集的个人信息种类和保存期限。

就“个人行使本法规定权利的方式和程序”而言，《个人信息保护法》第四章专章规定了“个人在个人信息处理活动中的权利”，从告知角度，需要告知行使这些权利的方式和程序。对于方式，从理解的角度，包括自主通过 App 等业务渠道行使权利、联系客服提出行使权利的主张等。对于程序，以自助通过 App 行使权利为例，一般需要告知个人在 App 上的具体操作路径和响应时间等。

2. 如何公开个人信息处理规则

本条要求个人信息处理者应当公开个人信息处理规则，以“便于”信息主体查阅和保存。而对于个人信息处理者而言，如何公开个人信息处理规则以符合“便于”的要求，亦将是实务中需要重点考量的问题。以下以实践中最常见的个人信息处理规则——App 的个人信息保护政策为例，对如何公开个人信息处理规则进行具体说明。

对于查询的要求而言，随着 App 的专项整治不断深入开展和《App 违法违规收集使用个人信息行为认定方法》的实施，在进入首页后经四次以内点击可查询到《个人信息保护政策》全文这一要求已深入人心。

就保存的要求而言，实践中相当一部分 App 存在《个人信息保护政策》无法下载、保存的情形，部分 App 甚至采取了相应的技术措施以防止《个人信息保护政策》的复制，上述措施不符合《个人信息保护法》项下的保存要求。从最合规的角度出发，建议个人信息处理者考虑提供下载《个人信息保护政策》等文本的方式，以满足本条的合规要求。

3. 处理规则变化时如何重新告知

《个人信息保护法》没有对如何重新告知作出详细的规定，从理解的角度，一般可以通过网站公告、App 内通知、App 弹窗、短信等方式对变更的部分进行告知。但应当注意的是，若相关个人信息处理活动是基于同意实施的，则重新告知后还应当重新取得个人信息主体同意。

**第十八条　【告知的例外】**

个人信息处理者处理个人信息，有法律、行政法规规定应当保密或者不需要告知的情形的，可以不向个人告知前条第一款规定的事项。

紧急情况下为保护自然人的生命健康和财产安全无法及时向个人告知的，个人信息处理者应当在紧急情况消除后及时告知。



## 重点解读

本条规定了个人信息处理者履行告知义务的例外情形。

首先，在“有法律、行政法规规定应当保密或者不需要告知”的范围内，个人信息处理者可以不向信息主体履行告知义务。例如，《反恐怖主义法》第五十一条规定：“公安机关调查恐怖活动嫌疑，有权向有关单位和个人收集、调取相关信息和材料。有关单位和个人应当如实提供。”根据该条规定，如果公安机关向某恐怖活动嫌疑人的工作单位或者亲属收集调取嫌疑人的个人信息，则无需向嫌疑人进行告知。

其次，当基于《个人信息保护法》第十三条第一款第四项中的“紧急情况下为保护自然人的生命健康和财产安全所必需”处理个人信息时，考虑到事先告知不具有可操作性，本条豁免了个人信息处理者的处理前告知义务。但在紧急情况消除后，个人信息处理者仍应当履行相应的告知义务。

## 实务要点

《个人信息保护法》第十八条规定的告知义务的例外仅限于本条规定的情形，在实践中的应用场景相对有限，且一般不会发生在个人信息处理者日常的个人信息处理活动之中。基于此，个人信息处理者在日常业务开展的过程中应当遵循《个人信息保护法》第十七条的要求，充分履行告知义务。

## 关联法条

《民法典》第一百八十二条。

**第十九条　【个人信息的保存期限】**

除法律、行政法规另有规定外，个人信息的保存期限应当为实现处理目的所必要的最短时间。

## 重点解读

本条规定了个人信息保存期限最小化的要求。

本条源于《个人信息安全规范》第6.1条a项，系最小、必要原则在个人信息存储方面的体现，要求个人信息处理者应当在实现处理目的所必要的最短时间内保存个人信息。

同时，本条规定了法律、行政法规另有规定的除外情形。例如，《反洗钱法》第十九条第三款规定，“客户身份资料在业务关系结束后、客户交易信息在交易结束后，应当至少保存五年”。据此，虽然相应业务关系已经结束，相应的个人信息处理目的已经实现，但出于反洗钱的要求，金融机构仍需要将该等信息至少保存五年。

## 实务要点

除在为实现个人信息处理目的的最短时间内保存个人信息外，实践中个人信息处理者还应当在超过期限后妥善地处理存储的个人信息。一般而言，在超出该等必要期限后，个人信息处理者应当将相应的个人信息删除或作匿名化处理。

## 案例解析

### ＊案情介绍

2007 年 4 月 17 日，邢某、曹某为案外第三人王某向 A 银行的借款提供保证担保。后王某未履行还款责任，邢某、曹某未履行保证责任，A 银行在未对两原告直接主张担保还款责任及未核实两原告是否下落不明的情况下，分别于 2011 年 4 月 6 日、2013 年 3 月 27 日、2017 年 3 月 9 日、2019 年 1 月 31 日进行公告催收，并以借款人未履行还款责任，两原告未履行保证还款责任为由，将该借款的相关信息报送至中国人民银行征信中心。此后，邢某、曹某在人民银行征信系统进行个人信用报告查询时发现其在该笔借款中存在不良信息。两原告起诉要求 A 银行为两原告消除该笔借款的不良征信记录。

### ＊法律解析

1. A 银行公告催收并未引起保证期间的中止和诉讼时效的中断

A 银行未直接对保证人邢某、曹某主张权利且在未核实二人下落不明的情况下，采用公告的方式进行催收。参照《最高人民法院关于审理民事案件适用诉讼时效制度若干问题的规定》第10条第1款第4项[①]的规定，只有在当事人下落不明的情况下才可采用公告方式主张权利，且公告应在国家级或保证人住所地省级有影响的媒体上进行。A银行未向法院提供公告时两原告处于下落不明状态的相关证据，故其催收行为不符合法律规定，并不当然引起保证期间的中止和诉讼时效的中断。A银行未在2年保证期间内向两原告主张权利，两原告保证责任已经免除。

2. A银行有义务为邢某、曹某消除不良征信记录

根据《征信业管理条例》第16条第1款的规定“征信机构对个人不良信息的保存期限，自不良行为或者事件终止之日起为5年；超过5年的，应当予以删除。”本案两原告自免除保证责任至判决时，已经近10年，该等不良信息的存储早已超出上述《征信业管理条例》规定的5年期限，所以，两原告诉求消除该笔借款的不良征信记录，符合法律规定，应当予以支持。

本案中，A银行虽然不是从事征信业务的征信机构，但其作为商业银行应当遵循中国人民银行发布的个人信用数据库标准及有关要求，准确、完整、及时地向个人信用数据库报送个人信用信息。本案中，在两原告免除保证还款责任后，A银行作为涉案借款不良信息的报送者，负有向征信机构报送相关修正信息，以消除两原告在中国人民银行征信中心个人信用报告中违约记录的法律义务。

---

① 2020年12月29日本规定修订后，为第8条第1款第4项。

**第二十条　【共同个人信息处理者的责任分配】**

两个以上的个人信息处理者共同决定个人信息的处理目的和处理方式的，应当约定各自的权利和义务。但是，该约定不影响个人向其中任何一个个人信息处理者要求行使本法规定的权利。

个人信息处理者共同处理个人信息，侵害个人信息权益造成损害的，应当依法承担连带责任。



## 重点解读

本条明确了共同个人信息处理者的责任分配方式。

实践中，共同处理个人信息的情形常有发生。例如，实践中许多网站、App 往往需要调用供应商提供的地图 API 接口为客户提供同其地理位置相关的服务。在这一过程中，网站、App 的运营者同地图 API 接口的提供者即构成共同个人信息处理者。

从内部权利义务划分与个人权利主张主体看，本条第一款的规定与欧盟《通用数据保护条例》（GDPR）第 26 条相类似，要求共同处理个人信息的处理者内部划分权利和义务，但不得影响个人向任一处理者要求行使个人权利，这就要求处理者在内部划分权利和义务时，需要就响应个人权利主张和后续的内部责任划分作出相应约定。

从责任承担看，共同个人信息处理者的个人信息处理行为构成共同侵权，按照《民法典》第一千一百六十八条之规定，应当承担连带责任。本条第二款要求个人信息处理者“依法承担连带责任”，亦同《民法典》的要求保持了一致。

## 实务要点

连带责任的要求，意味着个人信息处理者在选择共同处理个人信息的其他处理者时应当更加审慎。除了通过协议明确双方之间权利义务的划分之外，最好对合作的个人信息处理者进行必要的尽调，了解其个人信息安全能力、个人信息保护相关制度制定与实施情况、是否存在侵犯个人信息权益的情况等。

## 关联法条

《民法典》第一千一百六十八条。

**第二十一条　【个人信息的委托处理】**

个人信息处理者委托处理个人信息的，应当与受托人约定委托处理的目的、期限、处理方式、个人信息的种类、保护措施以及双方的权利和义务等，并对受托人的个人信息处理活动进行监督。

受托人应当按照约定处理个人信息，不得超出约定的处理目的、处理方式等处理个人信息；委托合同不生效、无效、被撤销或者终止的，受托人应当将个人信息返还个人信息处理者或者予以删除，不得保留。

未经个人信息处理者同意，受托人不得转委托他人处理个人信息。

## 重点解读

本条规定了委托处理个人信息情形下的责任分配方式，并明确了在委托处理个人信息场景下委托人与受托人的义务内容。

从委托人的义务看，本条第一款主要从通过合同文本约束受托人和对受托人进行监督两方面规定了委托处理个人信息的情况下委托人的义务，约定的内容至少应当包括委托处理的目的、处理方式、个人信息的种类、保护措施以及双方的权利和义务等。

从受托人的义务看，本条第二款明确受托人仅能在委托人委托的范围内按约处理个人信息，并应当在不再承担受托处理义务后，及时返还个人信息或删除个人信息。

同时，本条第三款单独强调了在委托处理个人信息的情形下，受托人未经委托人同意不得转委托，以确保信息主体及委托人能够通过受托人实现对个人信息处理行为的控制。

## 实务要点

本条除规定了委托人与受托人之间的委托处理合同应包含的内容外，亦要求委托人对受托人的个人信息处理活动进行监督。对于委托人而言，如何对受托人进行监督成为个人信息委托处理实务中的重要环节。

对于监督措施，一般宜在委托处理合同中明确约定。就具体的措施类型而言，实践中主要包括定期或不定期抽查个人信息处理情况、对受托人进行个人信息安全审计等，并做好相应的记录，以便有迹可循。

同时，监督中最重要的环节还在于一旦得知或者发现受委托人未按照委托要求处理个人信息，或未能有效履行个人信息安全保护责任时委托人应当采取的措施。参照《个人信息安全规范》第9.1条f项，在前述情形发生时，委托人宜立即要求受托人停止相关行为，且采取或要求受托人采取有效补救措施（如更改口令、回收权限、断开网络连接等）控制或消除个人信息面临的安全风险。必要时委托人应终止与受托人的业务关系，并要求受托人及时删除从个人信息处理者处获得的个人信息。



## 关联法条

《民法典》第九百一十九条。

**第二十二条　【个人信息的转移】**

个人信息处理者因合并、分立、解散、被宣告破产等原因需要转移个人信息的，应当向个人告知接收方的名称或者姓名和联系方式。接收方应当继续履行个人信息处理者的义务。接收方变更原先的处理目的、处理方式的，应当依照本法规定重新取得个人同意。

## 重点解读

本条明确了合并、分立、解散、被宣告破产等需要转移个人信息情形下的要求。

诚然，个人信息是企业重要的资源，且企业对于个人信息所享有的竞争性财产权益业已被司法实践所认可，但个人信息的人格权益属性使得其在企业合并、分立的过程中不像其他有形或无形资产一样便于确定权属，除考虑个人信息的经济价值外，亦应当考虑保护信息主体的个人信息权益，确保信息主体对其个人信息的控制。

本条沿袭自《个人信息安全规范》第 9.3 条，肯定了合并、分立场景下个人信息转移的正当性，并从法律的层面明确提出了合并、分立等需要转移个人信息情形下个人信息处理者和个人信息接收方的义务，旨在平衡企业合并、分立与个人信息保护之间的关系。

对于解散、被宣告破产等情形，企业在停止运营之前，亦面临相关个人信息如何处理的问题。若需要将相关个人信息转移给第三方的，仍应当遵守本条之规定。

从个人信息处理者的义务看，其不需要取得信息主体同意，但应当向个人告知接收方的名称或者姓名和联系方式。从接收方的义务看，其应当继续履行个人信息处理者的义务，不得因个人信息的转移而减弱对个人信息提供的保护力度。若基于同意处理个人信息的，则在变更处理目的和处理方式的情况下，个人信息处理者应当按照《个人信息保护法》第十四条的规定，重新向个人告知并取得个人同意。

## 实务要点

在合并、分立、解散、被宣告破产等场景下，如何将个人信息转移的情况妥善告知信息主体是企业在转移个人信息前需要考虑的重要环节。对于合并、分立、解散、被宣告破产的企业而言，其可能留存了大量的用户个人信息，且其中部分信息留存的时间已经相对较长。在该等情形下，至少应当通过官网公告和站内信等方式对用户进行必要的告知。



## 关联法条

《公司法》第一百七十二条、第一百七十四条至第一百七十六条、第一百八十条、第一百八十七条。

**第二十三条 【向他人提供个人信息】**

个人信息处理者向其他个人信息处理者提供其处理的个人信息的，应当向个人告知接收方的名称或者姓名、联系方式、处理目的、处理方式和个人信息的种类，并取得个人的单独同意。接收方应当在上述处理目的、处理方式和个人信息的种类等范围内处理个人信息。接收方变更原先的处理目的、处理方式的，应当依照本法规定重新取得个人同意。

## 重点解读

本条明确了个人信息处理者向其他个人信息处理者提供个人信息的要求。

就作为提供方的个人信息处理者而言，同《网络安全法》第四十二条第一款和《民法典》第一千零三十八条第一款相类似，《个人信息保护法》要求其应当向个人告知“接收方的名称或者姓名、联系方式、处理目的、处理方式和个人信息的种类”，并取得个人的单独同意。笔者个人理解，根据本法第十三条，上述“告知—同意”的要求限于基于同意开展的个人信息处理活动，若基于第十三条项下的其他合法性基础对外提供个人信息的，无须取得信息主体同意。

从接收个人信息的接收方的义务看，接收方不能超出信息主体的同意的目的、方式和范围处理个人信息，若确需变更处理目的和处理方式的，应当重新获得信息主体同意。

## 实务要点

就向他人提供个人信息的情形下告知的内容而言，《个人信息保护法》明确规定了告知的内容应当包含“接收方的名称或者姓名、联系方式、处理目的、处理方式和个人信息的种类”。当前实践中，多数个人信息处理者仅会向信息主体概括性地告知接收方的类型，而较少精确到具体接收方的名称或者姓名，该等做法可能无法满足本条的要求。就告知的形式而言，《个人信息保护法》明确了“单独同意”的要求。就单独同意而言，一般宜以“单独弹窗”“单独协议”的方式，并通过信息主体主动勾选、主动点击确认的方式获得。

## 案例解析

### * 案情介绍

Z支付公司为L公司提供“智慧门店”相关服务，用户通过Z公司付款后，Z公司将订单信息传递到其关联公司T公司运营的“智慧门店”平台。“智慧门店”平台立即与该门店对应的线上商家所设置的优惠信息进行匹配，如有优惠活动（红包、优惠券等），且消费者此前已通过现场扫码、线上领取等方式获得红包或优惠券的，系统自动对用户的线下购物进行同步扣减、抵消，使用户在线下购物时能够享受该商家的线上优惠。

俞某来到L公司线下智慧门店购买儿童牙膏一盒，并使用手机中的Z公司App进行支付，在支付完成页面显示“支付成功59元，收款方为北京清河店”，页面中间显示“成为会员可享专属权益”右侧可点击“成为会员”。在该页面底端有“授权T公司获取你线下交易信息并展示”，前方勾选框中为默认勾选状态。打开T公司App，在订单详情页面显示“L公司北京清河店，儿童牙膏1盒，59元×1，商品总价59元，运费0，订单总价59元，实付款59元”，页面下方显示订单编号、交易号、创建时间2018-01-31 09:48:14、付款时间2018-01-31 09:48:16、成交时间2018-01-31 09:48:16。俞某回到Z公司支付App页面，将勾选框中的对号取消，在T公司App的订单中再刷新全部订单，查看已经不存在该交易订单。俞某随后又购买了“幼蓓宝宝面巾纸”一提，同样使用Z公司App进行支付，在支付完成页面显示“支付成功17.90元，收款方为北京清河店”，下方显示“成为会员可享专属权益”右侧可点击“成为会员”。页面底端无其他展示内容。打开手机中的T公司App，在“我的订单”中也可以找到其刚支付购买的纸巾的交易信息，包括交易店名、商品图片、商品名称、交易价格等。俞某交易全程未点击“成为会员”。

俞某认为，Z公司在未获得明示同意的前提下，将收集的交易订单信息等个人信息提供给T公司，侵犯了俞某的个人信息权益。

**＊法律解析**

1. 涉案交易信息属于个人信息

俞某在本案中主张的个人信息主要指交易信息，具体表现为两条交易记录，包括店铺信息、商品价格、购买门店、商品规格等信息，这些信息显然可以通过与其他信息结合的方式识别出自然人的身份信息，属于个人信息。

2. Z公司与T公司之间共享个人信息的合法性

网络运营者共享用户个人信息的行为不应概括授权。T公司在《隐私政策》中对可能涉及用户个人信息的情形提前告知和提示用户注意，但其并未针对其提供的本案所涉智慧门店服务专门、明确地告知用户并获取用户的授权。如果认为网络运营者仅仅采用概括式的授权即履行了其告知义务，而在具体场景的应用中无须再次取得用户同意，则个人信息相关权益的所有人在进行该种授权时对其个人信息的使用方式以及使用范围无法明确知晓，可能导致个人信息脱离用户意志而被不当收集和使用，不利于对个人信息的保护。

网络运营者即使向用户告知了其将共享用户的个人信息，在用户明确拒绝的情况下，亦不得再实施个人信息的共享行为。本案中，俞某第一次支付完成后，在支付完成界面已经出现了"授权T公司获取你线下交易信息并展示"字样，俞某应当已经知晓其交易信息会在T公司订单中出现，但是原告将该默认勾选取消，应当视为俞某明确拒绝各被告对其个人信息实施共享行为，用户主观上不希望T公司获取其线下交易并进行展示，则各被告理应遵从用户意愿，不应再对用户交易信息进行共享。但各被告未遵从用户意愿，反而在后续交易中不再征求用户同意，该行为违背用户意志，不当共享了用户个人信息。

## 关联法条

《网络安全法》第四十二条；《民法典》第一千零三十八条。



**第二十四条　【自动化决策的要求】**

个人信息处理者利用个人信息进行自动化决策，应当保证决策的透明度和结果公平、公正，不得对个人在交易价格等交易条件上实行不合理的差别待遇。

通过自动化决策方式向个人进行信息推送、商业营销，应当同时提供不针对其个人特征的选项，或者向个人提供便捷的拒绝方式。

通过自动化决策方式作出对个人权益有重大影响的决定，个人有权要求个人信息处理者予以说明，并有权拒绝个人信息处理者仅通过自动化决策的方式作出决定。

## 重点解读

本条明确了利用个人信息进行自动化决策的要求。

自动化决策技术本身具备一定的复杂性，且可能受个人信息处理者商业化决策的影响。在这种情形下，自动化决策算法犹如一个“黑箱”，信息主体无法知悉其决策流程，亦无法对其直接进行评判和监督，基于此，有必要对使用自动化决策的个人信息处理者予以必要的限制。

从自动化决策的过程和结果要求看，本条第一款强调自动化决策的透明和处理结果的公平公正。同时，本条第一款进一步强调个人信息处理者不得对个人在交易价格等交易条件上实行不合理的差别待遇，直指实践中常见的“大数据杀熟”行为。

同时，针对利用自动化决策开展信息推送、商业营销等对个人信息权益有直接影响的行为，本条第二款要求个人信息处理者同时提供不针对其个人特征的选项，这与《电子商务法》第十八条第一款规定相类似。

此外，本条第三款为个人提供了救济途径，即对于通过自动化决策方式作出对个人权益有重大影响的决定，个人有权要求个人信息处理者予以说明，并有权拒绝。举例来说，在金融借贷场景下，如果依据数据模型自动决定个人贷款额度的，个人可以要求个人信息处理者作出说明并有权拒绝仅以数据模型自动决策的方式作出决定，相对应地，在个人依据本条提出权利主张的情况下，个人信息处理者可能需要对个人的贷款额度进行人工复核。

## 实务要点

1. “大数据杀熟”行为的定性

所谓大数据杀熟，是指商家利用大数据技术，基于对用户信息的分析和处理，对其中使用次数较多、对价格不敏感的客户实施差异性定价，其最终目的是达到利益的最大化。

《个人信息保护法》出台前，针对大数据杀熟行为最常用的规制依据是《消费者权益保护法》第十条规定的“公平交易权”。但该条文较为概括，且即使消费者基于“公平交易权”得到了赔偿，企业仅需要承担相应的民事责任，对于企业而言“违法成本”较低，不足以对“大数据杀熟”行为产生足够的威慑。由于“大数据杀熟”大多同市场垄断势力存在关联，故反垄断领域成为较早规制“大数据杀熟”行为的领域之一。2021 年初，国务院反垄断委员会发布了《关于平台经济领域的反垄断指南》，其中第十七条规定，实施“大数据杀熟”可能被认定为“滥用市场支配地位”。若一旦被认定为滥用市场支配地位，则其需要根据《反垄断法》承担相应的法律责任。具体而言，企业可能需要面临“停止违法行为，没收违法所得，并处上一年度销售额百分之一以上百分之十以下的罚款”的行政处罚。

《个人信息保护法》系首次在法律层面直接对“大数据杀熟”行为作出规制，将“大数据杀熟”行为界定为“实行不合理的差别待遇”，系在《消费者权益保护法》的基础上，针对“大数据杀熟”行为性质的进一步界定。

2. 如何约束信息系统的自动化决策

采用自动化决策相关技术是实践中的常见情形，已被广泛运用于贷款审批、简历筛选等环节。如何约束信息系统的自动化决策将成为《个人信息保护法》生效后企业面临的共同问题。

一方面，根据本法第五十五条的规定，就使用自动化决策机制前，个人信息处理者宜开展个人信息保护影响评估，充分评估自动化决策可能对信息主体的权益造成的损害。

另一方面，结合本条的要求，个人信息处理者应当向个人信息主体提供针对自动化决策结果的投诉渠道，通过该等渠道向个人提供必要的说明。

## 案例解析

*** 案情介绍**

2018 年 7 月 19 日 11 时 55 分 20 秒，刘某通过 M 公司运营的外卖平台，向某商家购买了“套餐金枪鱼三明治 + 红豆薏米汁”一份，收货地址为 A 大厦 1320 室，配送费为 4.1 元。同日 12 时 8 分 20 秒，其同事通过同一平台向同一商家订购了同样的套餐一份，收货地址也为 A 大厦 1320 室，配送费为 3.1 元。刘某诉称，M 公司对其多收取的 1 元配送费是“大数据杀熟”区别定价，侵犯了其知情权、公平交易权等。

M 公司提供平台后台日志并抗辩称，刘某订单所涉商圈当日 11 时 47 分开始订单大幅上涨，配送费动态上调，11 时 57 分后订单大幅上涨的状态结束，配送费动态恢复正常水平。

*** 法律解读**

本案中，法院经审理认为，刘某所述的两份订单虽然购买商家、商品、收货地址均一致，但关键是下单时间不一致。但被告提供的后台系统证据足以证明其对顾客未差别定价，M 公司根据平台交易量对配送费进行动态调整，是自身的经营行为，现有证据不足以证明 M 公司对刘某多收 1 元的配送费是利用“大数据”区别定价，侵犯了其公平交易权等，并判决驳回刘某的诉讼请求。

本案折射出“大数据杀熟”类案件中的一大难点，即差别定价行为往往较为隐蔽，且消费者往往难以对此进行举证。尽管《个人信息保护法》明确将“大数据杀熟”行为纳入监管，且要求个人信息处理者保证决策的透明度，但对于此类“差别定价”行为在司法实践中如何认定，或还有待实践的进一步探索。

## 关联法条

《电子商务法》第十八条；《消费者权益保护法》第十条。

**第二十五条　【个人信息的公开】**

个人信息处理者不得公开其处理的个人信息，取得个人单独同意的除外。

## 重点解读

本条规定了公开个人信息的要求。

一般而言，公开个人信息可能加大个人信息权益受侵犯的风险。个人信息公开后，不特定人即可进行包括收集、使用、存储在内的个人信息处理行为，而该等个人信息处理行为可能超出信息主体的控制。基于此，本条明确规定个人信息处理者原则上不得公开其处理的个人信息。同时，本条将取得个人单独同意的情况作为例外，在上述情形下，个人信息处理者可以公开个人信息。

## 实务要点

对于个人信息处理者而言，公开个人信息需要十分审慎，在没有明确取得个人单独同意的情形下，不宜公开。实践中，常见的可能涉及个人信息公开的情形包括银行等金融机构公布“老赖”信息的情形，在该等情形下，若确要公开，应当对相关个人信息进行匿名化处理，确保无法精准识别到个人。



**第二十六条　【公共场所安装图像采集、个人身份识别设备的要求】**

在公共场所安装图像采集、个人身份识别设备，应当为维护公共安全所必需，遵守国家有关规定，并设置显著的提示标识。所收集的个人图像、身份识别信息只能用于维护公共安全的目的，不得用于其他目的；取得个人单独同意的除外。

## 重点解读

本条明确了公共场所安装图像采集、个人身份识别设备的要求。

从目的来看，若个人信息处理者确要在公共场所安装图像采集、个人身份识别设备的，仅可出于维护公共安全所必需的目的，如安防监控、犯罪追踪等。实践中，企业于公共场所安装图像采集、个人身份识别设备的情况普遍存在，如零售商店安装人脸识别摄像头，用于统计人流量和识别 VIP 客户等。但前述场景中图像采集、个人身份识别设备的运营多是出于优化用户体验、营销等商业目的，难以论证符合本条规定的公共安全目的。《个人信息保护法》生效后，若仍基于前述目的安装图像采集、个人身份识别设备，可能存在被认定为违规的风险。

从提示的方式来看，除仅限于维护公共安全所必需外，本条还要求在公共场所安装图像采集、个人身份识别设备时应当设置显著的提示标识。就设置提示标识的位置而言，宜设置在信息主体即将进入图像采集或个人身份识别区域时易于发现的醒目位置。

从处理限制来看，本条对收集后的个人图像、身份识别信息规定了处理目的的限制。即该等信息只能用于维护公共安全的目的，而不能用于除此之外的其他任何目的，除非获得信息主体的单独同意。符合本法规定的单独同意可能包括信息主体收到单独弹窗后主动进行点击或勾选，信息主体签署单独文件等。一般而言，若个人信息处理者同信息主体之间未发生任何业务关系，取得符合本法规定的单独同意可能存在一定的障碍。但若未取得信息主体单独同意，个人信息处理者应当严守本条规定，不得将收集到的个人图像、个人身份识别信息用于除维护公共安全以外的其他目的。

## 实务要点

1. 如何认定本条的“公共场所”

就本条的公共场所如何定义，结合《民法典》第一千一百九十八条及《最高人民法院关于审理使用人脸识别技术处理个人信息相关民事案件适用法律若干问题的规定》第二条的规定，宾馆、商场、银行、车站、机场、体育场馆、娱乐场所、零售店铺等可能采集到的不特定个人的个人图像或身份识别信息的经营场所、公共场所，都可能包含在本条规定的“公共场所”的范围。

2. 若图像采集和个人身份识别设备由第三方提供，如何降低安全风险

考虑到图像采集和个人身份识别技术存在一定的技术门槛，实践中，个人信息处理者采购相关设备，甚至委托第三方进行识别和处理的情况较为普遍。在该等情形下，个人信息处理者应当采取必要的措施降低数据安全风险。一般而言，在引入供应商之前，应当进行风险评估，并通过书面协议明确双方的权责。在合作过程中，应当尽可能在本地处理数据，减少数据的传输和共享，除非取得个人的单独同意。同时，应当避免于终端设备或系统中展示原始人脸数据，且原则上不宜将相关数据用于数据融合。此外，合作过程中，亦建议通过访问限制、加密传输等方式，对供应商进行管理，确保人脸信息的安全。

## 案例解析

### ＊案情介绍

2020 年 12 月，N 市市场监管局执法人员在对某房产项目售楼处进行检查时，发现场地内多个区域均安装了不少数量的摄像头，而前台则放置着一台人脸认证机器。察觉到异样的执法人员随即要求查看后台。在监控室，执法人员看到了各式各样

的网络设备，其中某品牌标签标识信息尤为醒目，包括“某品牌路由器”“某品牌交换机”“某品牌认证机”“某品牌服务器”等。通过登录品牌后台管理系统，执法人员找到了大量被该系统关联摄像头记录的人脸信息数据。就在这样的“不知不觉”间，所有进入售楼处的消费者人脸信息便已被企业迅速“捕捉”存档。据初步统计，2019 年 4 月至 2020 年 12 月，共计 973 位消费者的人脸信息被该售楼处通过摄像头（人脸抓拍机）非法收集。

调查过程中，售楼处工作人员表示，抓拍的目的是准确识别客户来源，判断是中介带看，还是自然到访，作为日后与中介结算佣金的依据。

**＊法律解析**

人来人往的售楼处属于典型的“公共场所”，在售楼处安装人脸图像采集设备和个人身份识别设备并收集、存储人脸图像信息属于典型的违反本条规定的行为。在本法出台前，履行个人信息保护职能的部门仅能依据《网络安全法》和《消费者权益保护法》的相关规定对个人信息处理者进行处罚，行政处罚力度相对不高。在本法生效后，履行个人信息保护职能的部门可以根据本条及本法第 66 条之规定对相关个人信息处理者进行处罚。

## 关联法条

《民法典》第一千一百九十八条；《最高人民法院关于审理使用人脸识别技术处理个人信息相关民事案件适用法律若干问题的规定》第二条。

**第二十七条　【已公开个人信息的处理】**

个人信息处理者可以在合理的范围内处理个人自行公开或者其他已经合法公开的个人信息；个人明确拒绝的除外。个人信息处理者处理已公开的个人信息，对个人权益有重大影响的，应当依照本法规定取得个人同意。



## 重点解读

本条规定了处理已公开的个人信息的要求。

《民法典》第一千零三十六条规定，“处理个人信息，有下列情形之一的，行为人不承担民事责任：（一）在该自然人或者其监护人同意的范围内合理实施的行为；（二）合理处理该自然人自行公开的或者其他已经合法公开的信息，但是该自然人明确拒绝或者处理该信息侵害其重大利益的除外……”将对已公开个人信息的合理处理作为个人信息处理的免责事由。

《个人信息保护法》延续了《民法典》的相关规定，要求个人信息处理者仅可以在合理的范围内处理个人自行公开或者其他已经合法公开的个人信息，除非个人明确拒绝。

若利用已公开的个人信息从事对个人权益有重大影响的活动，本条要求个人信息处理者应当取得个人同意，体现了对个人控制权的尊重。

## 实务要点

对于个人信息处理者而言，从审慎的角度，如难以判断处理已公开的个人信息是否会对个人权益造成重大影响，建议先依据

《个人信息保护法》的规定获得个人同意后，再利用已公开的个人信息。

已合法公开的信息通常为信息主体自行向社会公开，已经过信息主体对个人信息利益的权衡，或由于涉及公共利益而为特定机构或组织公开。[①] 然而，对于已公开个人信息的处理应限于必要限度，以免违反本条规定的“合理范围”的要求。具体而言，应当避免处理行为侵害信息主体的重大利益，或采用违反法律、行政法规规定的方式进行处理。例如，若自然人因发布寻物启事公开了个人的手机号码，不宜向该等手机号码发送金融营销广告等。

## 案例解析

**＊案情介绍**

A 网站是 A 公司旗下网站，是国内大型法律资讯信息网站。A 网站经营项目包括向公众提供判决书等司法文书，并收录了甲女同其前公司之间的劳动争议裁判文书。甲女以 A 网站数据库中包含其本人涉诉的劳动争议案件裁判文书，侵犯其个人信息为由，诉至法院，请求判令 A 公司侵权。

**＊法律解析**

1. 涉案信息属于个人信息

涉案信息通过裁判文书内容的方式加以展示，虽然裁判文书正文已经过数据脱敏处理，但相关搜索结果列表中未进行脱敏处理，可以将甲女的姓名等和特定时间下相关民事主体的民事纠纷

---

① 最高人民法院民法典贯彻实施工作领导小组主编：《中华人民共和国民法典人格权编理解与适用》，人民法院出版社 2020 年版，第 338 页。

进行关联。虽在较大范围内可能存在重名等因素导致识别结果并不唯一，但在一定范围内，特别是在与甲女息息相关的日常生活熟识人群的范围内，以上几个要素的结合成为可识别为唯一特定自然人的信息。上述信息反映了甲女的个体特征，属于个人信息。

2. A公司收集、使用个人信息的手段、方式不存在不当

就收集而言，涉案文书属于法院依法向社会公开的司法数据，使用通用的爬虫技术即可收集。上述信息收集过程，并未采用裁判文书网上明确禁止的提供镜像等技术，目前亦不违反国家禁止性规定。因此，应认定该收集行为不属于非法收集行为。

就使用而言，在数字经济时代，商业化利用是维持数据利用和开发的驱动力和经济保障，商业化利用与否和利用行为的正当与否并无必然联系。A公司展示的信息内容与裁判文书公开信息一致，并未对该信息进行不当篡改、处理，亦未以收集自然人征信、窥探个人隐私等不当目的进行数据匹配和信息处理。结合A网站经营者所自称的目的，A公司经营模式是通过对司法公开数据的再度利用，保障和便捷公众对相关信息的知情权，有利于社会诚信体系的建设，也不违背司法公开的目的，该利用形式未违反法律禁止性规定，亦不违反社会公序良俗，具有一定的正当性。

3. A公司收集、使用个人信息的目的是否侵犯甲女个人信息权益

裁判文书是国家机关依职权制作并公开的文书，但同时可能包含个人信息等内容。裁判文书的实质是国家审判机关依据

法律的授权、按照相应的法律技术，对具体案件通过事实认定和法律适用的过程，作出具有权威性的司法结论，属于国家法律公文的范畴。法律规定，人民法院审理案件，除法律规定的特别情况外，一律公开进行。裁判文书体现法院调查案件、确认案情、适用法律、论证理由、作出结论的过程与内容。因此，作为审判内容书面载体的裁判文书的公开，也就成为审判公开的本质体现与内在要求。为了保证司法权运行的正当性和公正性，必然要将其置于社会公众监督之下，司法裁判结果公开自然成为制度建构的现实选择。在初始收集阶段，裁判文书公开制度已对个人信息利益保护作出考量，同时向公众告知关于人民法院在互联网公布裁判文书的相关规定，当事人在涉诉过程中应知晓裁判文书公开事宜，及其相关诉讼行为引发的后果。而当事人的姓名和案涉行为事实，作为判决文书的核心内容，其公开属于实现公众司法监督之必要，故在此范围内使用个人信息符合必要性要求。

本案中，A 公司使用的裁判文书信息，来源于权威司法机构的公开，而并非个人的授权。由于裁判文书承载个人信息，在同一信息载体上出现了利益主体的竞合，A 公司在再度利用裁判文书等司法数据时，不可避免地会再现甲女的个人信息。如果经司法公开的数据，社会其他主体不得再度转载、利用，一方面，将损害司法公开制度，损害公众因该制度所受保护的知情权、监督权等公共利益；另一方面，将使得上述数据仅由司法机关掌握，与司法数据公有、共享的理念不符，故其他数据利用主体可对司法公开的数据，在一定条件下进行再度利用。

对于裁判文书的公开和再利用，必须在保护个人信息等人格权益的前提下，有效协调合理利用个人信息、促进司法公开、促进数据流通和使用等多重目的，作出具有一定开放性、合乎人格利益保护趋势和数字经济产业发展趋势的判断。而就甲女的个人信息权益而言，甲女虽称被控侵权行为对其生活带来困扰，但并未向法庭阐明其比前述公共利益更为迫切需要保护的重大利益或合理理由。在本案中，涉案裁判文书公开及再度利用的公共利益与个人信息利益之间的衡量，符合上述目的和要求。故法院据此判决驳回了甲女的诉讼请求。

4. 该等个人信息处理行为属于在合理的范围内处理已公开的个人信息

本案判决于《个人信息保护法》生效前，在无直接可适用的规定的情况下，法院结合法律原则，并基于法益平衡的角度出发进行了说理。《个人信息保护法》生效后，本案中A公司或可援引本条，即“在合理的范围内处理个人自行公开或者其他已经合法公开的个人信息”，来论证其个人信息处理行为的合法性。同时，本案中A公司处理已公开个人信息的目的并未超出公开时的目的，且该等处理并未对甲女产生“新”的重大影响，属于对已公开个人信息的合理使用。

## 关联法条

《民法典》第一千零三十六条。

# 第二节　敏感个人信息的处理规则

**第二十八条　【敏感个人信息的定义及处理的要求】**

敏感个人信息是一旦泄露或者非法使用，容易导致自然人的人格尊严受到侵害或者人身、财产安全受到危害的个人信息，包括生物识别、宗教信仰、特定身份、医疗健康、金融账户、行踪轨迹等信息，以及不满十四周岁未成年人的个人信息。

只有在具有特定的目的和充分的必要性，并采取严格保护措施的情形下，个人信息处理者方可处理敏感个人信息。

## 重点解读

本条规定了敏感个人信息的定义及处理的要求。

本条第一款明确了敏感个人信息的定义。仅从定义的角度出发，相较于《个人信息安全规范》第3.2条对于“个人敏感信息”的定义，《个人信息保护法》对敏感个人信息的定义划分更为严格。需要注意的是，本条将不满十四周岁未成年人的个人信息纳入了敏感个人信息的范畴，体现了对未成年人利益的保护。

同时，本条第二款明确规定了处理敏感个人信息应遵循的要求，即应当满足“特定的目的”和“充分的必要性”要求，且必须采取严格的保护措施。

## 实务要点

所谓“特定的目的”，即指敏感个人信息的处理是为了实现商品或服务的特定功能。所谓“充分的必要性”，即指若不进行敏感信息的处理，则商品或服务的目的将无法实现。如何判断“特定的目的”与“充分的必要性”，可能将成为《个人信息保护法》项下敏感个人信息处理的关键。

“特定的目的”要求，则意味着个人信息处理者不宜采用概括性的方式来论证敏感个人信息处理的合法性，而应当逐一梳理收集的敏感个人信息及所涉及的业务场景，确保所收集的敏感个人信息都具备相对应的具体的、特定的处理目的。例如，部分个人信息处理者在《个人信息保护政策》中告知客户将收集某些敏感个人信息用于为用户提供更好的服务，此处的“为用户提供更好的服务”可能就不符合此处“特定的目的”的要求。

“充分的必要性”要求，则意味着在梳理场景的同时，个人信息处理者不得出于收集敏感信息的目的，在某些场景中将敏感个人信息与商品或服务强行关联，而应当充分论证该等个人信息的处理是否是实现处理目的所充分必要的。例如，仅为购买商品、完成支付，收集人脸特征信息进行人脸识别验证，则可能缺乏充分的必要性，不符合本条的要求。

## 案例解析

### * 案情介绍

脱口秀演员 W 在微博平台公开与前东家 X 公司之间的经济纠纷，控诉该公司拖欠其演艺报酬，提出仲裁后却被索赔 3000

万元。同时W在前述微博中表示，X公司寄给他的证据材料包含其某银行个人账户的交易明细，他怒斥某银行未经本人授权，将其个人账户交易明细交给X公司，且称“某银行说这是配合大客户的要求”。

该事件迅速将某银行与个人银行账户信息的安全性推上舆论焦点。某银行快速完成内部处置，并作出道歉。同时，某银行已按制度规定对相关员工予以处分，并对涉事支行行长予以撤职。

事件发生后，中国银行保险监督管理委员会消费者权益保护局迅速启动立案调查程序。经过调查，银保监会认定该银行存在如下违法违规事实：

1. 客户信息保护体制机制不健全；柜面非密查询客户账户明细缺乏规范、统一的业务操作流程与必要的内部控制措施，乱象整治自查不力；

2. 客户信息收集环节管理不规范；客户数据访问控制管理不符合业务“必须知道”和“最小授权”原则，查询客户账户明细事由不真实，未经客户本人授权查询并向第三方提供其个人银行账户交易信息；

3. 对客户敏感信息管理不善，致其流出至互联网，违规存储客户敏感信息；

4. 系统权限管理存在漏洞，重要岗位及外包机构管理存在缺陷。

基于上述事实，银保监会对某银行作出罚款450万元的行政处罚。

**＊法律分析**

本案中涉及的个人信息主要为个人金融账户交易信息，个人金融账户交易信息一旦泄露，可能导致个人人身、财产安全受到严重危害，其属于《个人信息保护法》规定的敏感个人信息的范畴。

本案中，某银行将W的个人金融账户交易信息对外提供，未经W同意，违反了《网络安全法》第42条之规定。同时，若本案发生在《个人信息保护法》生效后，则某银行的处理行为亦难以被认定为具有充分的必要性，属于违规处理敏感个人信息的情形。



## 关联法条

《网络安全法》第四十二条。

**第二十九条 【处理敏感信息的单独同意与书面同意】**

处理敏感个人信息应当取得个人的单独同意；法律、行政法规规定处理敏感个人信息应当取得书面同意的，从其规定。

## 重点解读

本条明确了基于个人同意处理敏感个人信息的要求。

就同意的方式而言，本条区分了一般情况和特殊情况。在一般情况下，基于个人同意处理敏感个人信息，应当取得个人的单独同意。考虑到处理敏感个人信息可能给当事人个人信息权益带来的风险要大于一般的个人信息处理，本条对于该等情形下的同意提出了更高要求，以强化个人对该等信息处理行为的控制。《网络交易监督管理办法》亦有类似规定，其要求网络经营者“收集、使用个人生物特征、医疗健康、金融账户、个人行踪等敏感信息的，应当逐项取得消费者同意”，同“单独同意”的要求较为类似。



同时，本条明确若法律、行政法规规定处理敏感个人信息应当取得书面同意的，需要取得个人的书面同意，为后续法律、行政法规对某些特定信息提出更高合规要求留下了口子。

## 实务要点

当前通过 App 开展业务的个人信息处理者大多通过统一的《个人信息保护政策》获得信息主体处理敏感个人信息的同意，实践中该等方式可能不符合本条规定的“单独同意”要求。在《个人信息保护法》生效后，个人信息处理者若需处理敏感个人信息，可能需要在触发处理动作之前，通过单独弹窗、单独告知等方式获得个人的同意。

## 关联法条

《网络交易监督管理办法》第十三条。

**第三十条　【处理敏感个人信息的特殊告知要求】**

个人信息处理者处理敏感个人信息的，除本法第十七条第一款规定的事项外，还应当向个人告知处理敏感个人信息的必要性以及对个人权益的影响；依照本法规定可以不向个人告知的除外。

## 重点解读

本条明确了处理敏感个人信息的特殊告知要求。

《个人信息保护法》第十七条第一款对处理个人信息时告知的内容和方式进行了规定，对于处理敏感个人信息的个人信息处理者而言，除了需要根据《个人信息保护法》第十七条对用户进行告知外，还需要告知该等处理行为的必要性以及对个人权益的影响，告知的要求更加严格。

## 实务要点

如何理解本条中的“必要性”以及“对个人权益的影响”是实务中履行本条规定的告知义务时无法绕开的问题。

所谓必要性，系指处理敏感个人信息是提供商品或服务所必需的情形，若不进行该等处理，个人信息处理者将无法向信息主体提供商品或服务。

“对个人权益的影响”，即敏感个人信息处理可能带来的后果。参照《信息安全技术　个人信息安全影响评估指南》（GB/T 39335－2020，以下简称《个人信息安全影响评估指南》），对个人权益的影响可能包括“影响个人自主决定权”“引发差别性待遇”“个人名誉受损和遭受精神压力”“个人财产受损”四个维度。具体举例来说，投保人身保险时，若保险公司收集了投保人的病例等医疗健康信息，对个人权益的影响在于如果存在特殊疾病史等情况，可能影响是否承保以及保险金额和保费的测算等。

**第三十一条　【未成年人个人信息的处理】**

个人信息处理者处理不满十四周岁未成年人个人信息的，应当取得未成年人的父母或者其他监护人的同意。

个人信息处理者处理不满十四周岁未成年人个人信息的，应当制定专门的个人信息处理规则。

## 重点解读

本条规定了处理不满十四周岁未成年人个人信息的特殊要求。

对于不满十四周岁的未成年人而言，其认知水平可能尚不成熟，对个人信息处理行为对其可能产生的影响的认识并不充分。在基于同意处理个人信息的情形下，未成年人可能基于不充分的认识作出同意的决定。从保护未成年人个人信息权益的角度出发，有必要引入其父母或者其他监护人履行监护职责，以保障未成年人的个人信息权利。《儿童个人信息网络保护规定》第九条规定："网络运营者收集、使用、转移、披露儿童个人信息的，应当以显著、清晰的方式告知儿童监护人，并应当征得儿童监护人的同意。"《个人信息保护法》延续了这一要求，进一步体现了对未成年人利益的保护。基于此，本条第一款明确规定处理不满十四周岁未成年人个人信息应当取得其父母或者其他监护人同意。

《儿童个人信息网络保护规定》第八条规定："网络运营者应当设置专门的儿童个人信息保护规则和用户协议，并指定专人负责儿童个人信息保护"。考虑到针对未成年人个人信息应采取更为严格的保护措施，同其他个人信息的处理可能存在较大的差别，故本条第二款沿用了该规定，要求个人信息处理者应当针对不满十四周岁未成年人个人信息制定专门的个人信息处理规则，单独对未成年人个人信息的处理情况进行说明。

## 实务要点

1. 如何证明已经履行了对未成年人的必要识别义务

就本条的适用而言，实践中企业面临的最大难点在于如何证明已经履行了必要的识别义务，对个人信息主体是否为未成年人进行了充分识别。当前实践中，企业多将未成年人个人信息处理规则置于“隐私政策”等文本中，并采用弹窗的方式告知用户。此种方式未包含具体的“识别”“认证”动作，在发生未成年人个人信息相关纠纷时，若仅有“告知”，而未有具体的“识别”动作（如收集证件信息、人脸识别），则个人信息处理者处理未成年人个人信息的行为是否符合《个人信息保护法》的规定存在一定的不确定性。

2. 如何取得可验证的未成年人监护人的同意

实践中，个人信息处理者落实本条的过程中可能面临的另一个困境，即如何取得未成年人监护人的同意且如何验证作出同意的主体为未成年人的监护人。结合相关司法实践，验证监护人身份并获得监护人同意的方式可能包括提供由监护人签字的同意书、由监护人拨打免费电话并由经训练的相关人员接听、拨打监护人视频电话等。但若个人信息处理者未采取合理的方式获得可验证的未成年人监护人同意，则其个人信息处理行为可能面临违规，一旦陷入个人信息权益纠纷，即可能需要承担相应的责任。

## 案例解析

**＊案情介绍**

K公司运营某知名短视频App，在开发运营App的过程中，K公司未以显著、清晰的方式告知并征得儿童监护人的有效明示同意，便允许儿童注册儿童账户并收集、存储儿童个人信息。同时，K公司在未再次征得儿童监护人有效明示同意的情况下，向具有相关浏览喜好的用户直接推送含有儿童个人信息的短视频。此外，K公司亦未采取技术手段对儿童信息进行专门保护。以上行为对不特定儿童的人身安全、生活安宁等造成了潜在风险，甚至有的儿童个人信息被不法分子利用，产生了损害后果。

基于此，在最高人民检察院的直接指导下，检察机关向杭州互联网法院提起民事公益诉讼，请求判令K公司立即停止实施利用该公司App侵害儿童个人信息的侵权行为，赔礼道歉、消除影响，赔偿损失并将款项交至相关儿童保护公益组织，专门用于儿童个人信息保护公益事项。后双方依法达成和解协议，K公司针对存在问题全面开展整改，并于某全国性报纸上公开发布《致歉声明》。

**＊法律解析**

《民法典》第1035条规定，“处理个人信息的，应当遵循合法、正当、必要原则，不得过度处理，并符合下列条件：(一) 征得该自然人或者其监护人同意……”根据此条文，儿童个人信息的处理应当取得其监护人同意。

近年来，根据《未成年人保护法》等法律、法规的要求，越来越多的App上线了“儿童模式”“儿童账号”等功能，但部分企业在开通相关功能的同时往往忽视了儿童个人信息收集、使用的合规问题。K公司在提供儿童账户的同时，并未采取针对儿童个人信息的特殊保护措施，在未征得儿童监护人同意的情况下收集、存储儿童个人信息并向具有相关浏览喜好的用户直接推送含有儿童个人信息的短视频，上述行为违反了《民法典》的相关规定，不仅直接对儿童的个人信息权益产生影响，短视频中包含的特征信息可能被不法分子所利用，导致针对儿童的侵害事件发生。

近年来，针对侵害个人信息行为，检察机关依照《民事诉讼法》的规定，通过民事公益诉讼的形式对相关企业提起诉讼，既捍卫了公民权利，亦对个人信息处理者起到了一定震慑作用。本案即是在未成年人个人信息领域标杆性的民事公益诉讼案例，对于推动提高未成年人个人信息保护水平具有重要意义。



## 关联法条

《民法典》第一千零三十五条。

**第三十二条　【处理敏感个人信息的特殊限制】**

法律、行政法规对处理敏感个人信息规定应当取得相关行政许可或者作出其他限制的，从其规定。

## 重点解读

本条明确了处理敏感个人信息的特殊限制情形，若法律、行政法规要求处理敏感个人信息应当取得相关行政许可或符合其他条件的，则个人信息处理者应当取得相关许可或者符合法律、行政法规规定的其他条件。



### 实务要点

《个人信息保护法》并未直接明确处理敏感个人信息的特殊限制情形，而是留下了适用规定，不排除后续可能有其他相关法律或者配套行政法规作出严格限制，个人信息处理者，尤其是涉及金融、医药等重点领域的个人信息处理者应当对此予以充分关注。

## 第三节　国家机关处理个人信息的特别规定

**第三十三条　【国家机关处理个人信息的规则】**

国家机关处理个人信息的活动，适用本法；本节有特别规定的，适用本节规定。

### 重点解读

本条明确了国家机关处理个人信息应适用的规则。

从一般规则看，国家机关处理个人信息需要适用《个人信息保护法》的一般规定；从特殊规则看，如果本节对国家机关处理个人信息进行了特殊规定，则相关个人信息处理行为需要适用本节的特殊规定。

## 实务要点

实践中，国家机关在履行法定职责的过程中处理个人信息的情形较为常见，且基于工作上的便利，国家机关往往会大规模收集、处理较为精确的个人信息。对于该等处理行为是否合法、合规需要具体国家机关高度重视。当涉及个人信息处理行为，尤其是处理敏感个人信息、对外提供个人信息等行为时，《个人信息保护法》提出了更高保护要求，应当更加审慎，按照《个人信息保护法》的相关要求对个人信息进行处理。

**第三十四条　【国家机关处理个人信息的原则要求】**

国家机关为履行法定职责处理个人信息，应当依照法律、行政法规规定的权限、程序进行，不得超出履行法定职责所必需的范围和限度。

## 重点解读

本条明确了国家机关为履行法定职责处理个人信息的原则要求。

从适用范围来看，本条适用于国家机关为履行法定职责处理的个人信息。国家机关基于履行法定职责之外的个人信息处理行为不适用本条的规定，而应适用本法的一般规定。

从条件和程序来看，国家机关处理个人信息应当依照法律、行政法规规定的权限、程序进行。例如，根据《网络安全法》等法律规定，公安机关有权依法对互联网服务提供者和互联网使用单位履行法律、行政法规规定的网络安全义务的情况进行安全监督检查，监督检查过程中很可能涉及对用户个人信息的处理。《公安机关互联网安全监督检查规定》第三章对于公安机关进行互联网监督检查的程序进行了专章规定，实践中公安机关开展涉个人信息的安全监督检查需要遵守该等规定。

从处理的具体要求来看，本条要求国家机关处理个人信息的行为不得超出履行法定职责所必需的范围和限度，意在防止国家机关以履行法定职责为由随意、过度收集个人信息的情况，保障信息主体合法的个人信息权益。

## 实务要点

1. “范围”和“限度”的判定

如何判断履行法定职责必需的范围和限度或是本条在实践中可能产生争议的要点。

就范围而言，同“履行合同所必需”相似，国家机关进行的个人信息处理应与其履行的法定职责有直接关联，如果国家机关未处理相关个人信息，可能导致国家机关的法定职责无法履行，则该等个人信息处理行为可以被认定为履行法定职责所必需。

就限度而言，主要可以从处理个人信息的频率和处理个人信息的数量两个方面进行判断。其一，处理的频率是国家机关履行法定职责所必需的最低频率；其二，处理的个人信息数量应是国家机关履行法定职责所必需的最少数量。

2. 发生个人信息侵害事件的责任

实践中另外一个绕不开的问题是，若国家机关的个人信息处理行为造成了个人信息权益的损害，国家机关应承担何种责任。

国家机关的履职行为属于行使国家公权力的范畴，此时，在国家机关与信息主体之间不再构成平等主体之间的民事关系，若国家机关的履职行为造成个人信息权益受侵害，则此时造成的侵害属于国家机关履职行为所致，可能触发国家赔偿责任。

## 案例解析

### ＊案情介绍

某地农业农村局在该地人民政府官方网站“政府信息公开”栏目公布了4份内容为该县2017年至2019年农机购置补贴情况的政府信息，信息内容不仅包括购机农户姓名、购机型号、购机数量、补贴金额等基本情况，还包括未经去标识化处理的相关农户身份证号码、家庭住址、银行账户、手机号码等个人信息。

该地检察院向该地农业农村局发出诉前检察建议，建议其加强政府信息公开内容的审查，及时撤回泄露公民个人信息内容的政府信息。收到检察建议后，该地农业农村局及时将相关信息从政府网站上撤回，对涉及个人信息的内容进行去标识化处理后重新公开。

### ＊法律解析

本案中涉及的身份证号码、银行账号等属于购机农户的个人信息。根据《居民身份证法》第13条、《政府信息公开条例》第15条以及农业农村部《涉农补贴领域基层政务公开标准指引》等相关法律法规和文件规定，涉及公民身份证号码、银行账号等个人信息的政府信息属于依法不予公开的内容。该地农业农村局在公开该等农户购机信息时，一并将农户的身份证号码、银行账号予以公开，未采取必要的安全措施，如脱敏或去标识化处理，可能造成相关农户个人信息的不当泄露，显然超出了处理农户个人信息的必要限度。



对于国家机关而言，履行行政公开义务的过程中很多时候涉及个人信息处理，在处理过程中若涉及个人信息的公开，国家机关应采取必要的措施对涉及的个人信息进行处理，以降低个人信息泄露的风险。

## 关联法条

《政府信息公开条例》第十五条。

**第三十五条　【国家机关处理个人信息的告知义务及例外】**

国家机关为履行法定职责处理个人信息，应当依照本法规定履行告知义务；有本法第十八条第一款规定的情形，或者告知将妨碍国家机关履行法定职责的除外。

## 重点解读

本条明确了国家机关为履行法定职责处理个人信息的告知要求。

原则上，国家机关为履行法定职责处理个人信息，需要向个人告知。由于在国家机关处理个人信息的场景下，国家机关的履职行为系行使国家公权力，国家机关与个人信息主体之间已不是平等主体之间的关系，故从保护个人信息权益的角度出发，明确告知的要求有利于对国家机关的行为形成一定的约束，亦同本法中告知相关的规定相符。

本条亦规定了无须告知的例外情形，即“有法律、行政法规规定应当保密或者不需要告知的情形，或者告知将妨碍国家机关履行法定职责的除外”。例如，出于犯罪侦查目的处理嫌疑人个人信息的，可以不向嫌疑人告知也无须获得其同意。



## 实务要点

国家机关在履行法定职责的过程中，往往需要向企业调取个人信息。若国家机关要求企业协助配合提供个人信息，且提供该等个人信息不属于法律、行政法规规定应当保密或者不需要告知的情形，或者告知将妨碍国家机关履行法定职责的，企业应当要求国家机关提供已经取得个人信息主体同意的相关依据。

**第三十六条　【国家机关处理个人信息的存储】**

国家机关处理的个人信息应当在中华人民共和国境内存储；确需向境外提供的，应当进行安全评估。安全评估可以要求有关部门提供支持与协助。

## 重点解读

本条明确了国家机关存储个人信息的要求。

根据本条规定，国家机关处理的个人信息原则上应在中华人民共和国境内存储，不得出境，除非确有必要且已经进行了安全评估。



## 实务要点

在某些特殊情形下确需向境外提供，如与境外执法机构联合侦查犯罪的情况下，可能需要向境外执法机构提供犯罪分子的个人信息。在该等情形下，国家机关应当进行安全评估，并可以要求有关部门提供支持与协助。就具体提供支持与协助的有关部门，主要包括网信部门、公安部门等。

**第三十七条　【具有公共事务职能的组织处理个人信息的要求】**

法律、法规授权的具有管理公共事务职能的组织为履行法定职责处理个人信息，适用本法关于国家机关处理个人信息的规定。

## 重点解读

本条明确了法律、法规授权的具有管理公共事务职能的组织为履行法定职责处理个人信息的行为适用国家机关处理个人信息有关的规定。

实践中，法律、法规授权的具有管理公共事务职能的组织承担了部分公共事务职能，其履职过程中不可避免地需要收集、使用、存储个人信息，规定相关处理行为适用有关国家机关处理个人信息的规定，有利于明确相关个人信息处理行为中各方的权利义务关系，以更好地保护该等情形下个人信息权益。

## 实务要点

法律、法规授权的具有管理公共事务职能的组织亦见于《行政处罚法》《行政许可法》《行政强制法》《政府信息公开条例》等法律法规中。结合相关立法和司法实践，政府疾病预防控制中心、政府房屋征收办公室等组织均属于为“法律、法规授权的具有管理公共事务职能的组织”。上述组织处理个人信息的行为，均适用《个人信息保护法》中国家机关处理个人信息有关的规定。

## 关联法条

《行政处罚法》第二十一条；《行政许可法》第二十三条；《行政强制法》第七十条；《生物安全法》第二十八条。

# 第三章　个人信息跨境提供的规则



**第三十八条　【向境外提供个人信息的条件】**

个人信息处理者因业务等需要，确需向中华人民共和国境外提供个人信息的，应当具备下列条件之一：

（一）依照本法第四十条的规定通过国家网信部门组织的安全评估；

（二）按照国家网信部门的规定经专业机构进行个人信息保护认证；

（三）按照国家网信部门制定的标准合同与境外接收方订立合同，约定双方的权利和义务；

（四）法律、行政法规或者国家网信部门规定的其他条件。

中华人民共和国缔结或者参加的国际条约、协定对向中华人民共和国境外提供个人信息的条件等有规定的，可以按照其规定执行。

个人信息处理者应当采取必要措施，保障境外接收方处理个人信息的活动达到本法规定的个人信息保护标准。

## 重点解读

本条明确了个人信息处理者向境外提供个人信息的条件。

在个人信息活动的全生命周期中，个人信息的出境是一个颇为特殊的环节。应该说，个人信息跨境是数据流转过程中对权利人保护最弱的场景之一。这主要归因于以下几点：

首先是数据控制者的改变。个人信息跨境意味着个人信息在不同主体之间流转。由于不同数据控制者的数据保护能力难以避免地存在差异，个人信息跨境几乎必然导致对个人信息的保护能力发生变化。其次是权利维护能力的改变。对于一般自然人而言，个人信息跨境往往意味着一旦发生数据安全事件，其需要向境外主体，或到境外主张权利。这意味着个人信息主体的维权能力和维权意愿在个人信息跨境场景下被大大削弱。再次是监管能力的改变。基于国家主权平等原则，且结合当前国际实践，作为监管部门的行政机关大多无法直接行使域外管辖权对域外的主体进行监管。而若域外数据处理者实质上仅受本法域监管部门的监管，由于不同法域的监管部门的监管能力并不相同，这会在一定程度上影响个人信息的保护力度。最后是适用法律的改变。个人信息跨境往往意味着适用法律的变化，域外数据控制者往往仅需要遵守其本国法律对于个人信息的保护要求。由于不同法域对个人信息的保护力度有强有弱，亦可能导致信息主体在个人信息跨境后所享有的个人信息权益有所削弱。

尽管可能对个人信息主体的权益造成一定的影响，但个人信息跨境却往往是经济活动和交往活动所必需的。为了在保障信息流动的同时，充分保护个人信息，对于个人信息出境，各国往往会建立专门的法律制度。《个人信息保护法》以专章的形式对个人信息跨境规则进行规制，亦是为了平衡跨境数据流动与个人信息保护之间的关系。

在《个人信息保护法》出台之前，《个人信息出境安全评估办法（征求意见稿）》[①] 曾要求所有个人信息出境的情形均应当报请安全评估。相较之下，《个人信息保护法》并未“一刀切”地要求个人信息处理者所有向境外提供个人信息的情形均应进行安全评估，而是根据不同的出境情形，对个人信息处理者设置了不同的出境要求，兼顾了实践中的不同个人信息出境需求。

根据本条第一款规定，个人信息出境的前提是个人信息处理者因业务等需要。在满足该前提的情形下，《个人信息保护法》规定个人信息处理者可以在满足本条规定的四种条件之一的情况下向境外提供个人信息。

本条第一款第一项系基于《个人信息保护法》第四十条规定，当个人信息处理者为关键信息基础设施运营者或处理的个人信息达到国家网信部门规定数量时，其应当通过国家网信部门组织的安全评估，方可向境外传输个人信息。而当个人信息处理者并非关键信息基础设施运营者且处理的个人信息数量未达到国家网信部门规定的数量时，则应当满足本条第一款规定的其他三项条件中的任意一种。

本条第一款第二项为按照国家网信部门的规定经专业机构

---

① 参见“国家互联网信息办公室关于《个人信息出境安全评估办法（征求意见稿）》公开征求意见的通知”，载 http：//www. cac. gov. cn/2019 - 06/13/c_1124613618. htm，最后访问日期2021年9月13日。

进行个人信息保护认证，对于认证实施的主体、认证实施的程序以及认证的具体内容都有待国家网信部门后续出台具体的规定加以明确。本条第一款第三项为按照国家网信部门制定的标准合同与境外接收方订立合同，约定双方的权利和义务，该条同欧盟的“标准合同条款”（Standard Contractual Clause）相似，旨在通过模板化的合同条款明确双方权利义务，并要求境外接收方提供必要的个人信息保护。此外，本条第一款第四项设置了“法律、行政法规或者国家网信部门规定的其他条件”这一兜底性条款，保留了立法的弹性。考虑到个人信息领域实践的变化，这一规定为将来根据实践发展的需要增设其他条件留下了空间。

本条第二款明确了我国缔结或者参加的国际条约、协定对向中华人民共和国境外提供个人信息的条件等有规定的，可以按照其规定执行。考虑到个人信息的跨境流动可能涉及不同的国际法主体，在个人信息跨境流动方面建立相应的合作机制或有利于加强该领域的国际合作。

本条第三款强调了个人信息跨境场景下，个人信息处理者应当保障境外接收方处理个人信息的活动达到《个人信息保护法》规定的个人信息保护标准。考虑到不同法域之间个人信息保护立法存在较大差异，对个人信息提供的保护水平不尽相同，要求个人信息处理者采取措施保障接收方提供的个人信息保护水平是在个人信息跨境场景下保护个人信息权益的重要手段。实践中，个人信息处理者可以通过合同等方式对境外接收方应当提供的个人信息保护标准予以约定，并定期或不定期对境外接收方履行该项合同义务的程度进行必要的监督。

## 实务要点

就实务而言，个人信息处理者最为关注的必然是如何实现个人信息的合规出境。然而，《个人信息保护法》第三十八条所规定的各项出境条件相对而言比较抽象，且具体的实施细则仍处在制定之中。

例如，第三十八条第一款第一项所述的“国家网信部门组织的安全评估”，并不是在《个人信息保护法》中首次提出的概念，《网络安全法》第三十七条即规定，关键信息基础设施的运营者如因业务需要，确需向境外提供个人信息和重要数据的，“应当按照国家网信部门会同国务院有关部门制定的办法进行安全评估”。然而在《网络安全法》出台后，尚未见与出境安全评估相配套的细则规定。同样地，本条第一款第二项、第三项中涉及的认证相关规定及标准合同条款均尚未出台。建议个人信息处理者持续关注后续配套监管规定的出台，以便及时作出相应的合规安排。

## 案例解析

**＊案情介绍**

2021年7月21日，国家互联网应急中心（CNCERT/CC）在其官网发布《2020年中国互联网网络安全报告》（以下简称报告）。[①] 报告显示，仅2020年一年，我国共发现境内医学影像数据通过网络出境497万余次，涉及境内3347个IP地址。

---

① https://www.cert.org.cn/publish/main/upload/File/2020%20Annual%20Report.pdf，最后访问时间2021年8月8日。

其中，医学影像文件在未脱敏的情况下包含大量患者个人信息。2020年共发现我国未脱敏医学影像数据出境近40万次，占出境总次数的7.9%。

＊法律解析

类似的未脱敏医学影像数据出境可能会对权利人的利益造成损害。就《个人信息保护法》生效前的法律法规而言，权利人只能诉诸《民法典》等规定，基于此类数据出境未取得权利人同意而主张民事责任，但考虑到此种情形的隐蔽性，权利人维权存在极大的困难。但是，在《个人信息保护法》正式生效后，此类数据出境行为就落入第38条的适用范围，监管部门也可以主动进行查处，并根据《个人信息保护法》的罚则对涉及的个人信息处理者作出处罚，避免此类情形继续发生。



## 关联法条

《网络安全法》第三十七条。

**第三十九条　【向境外传输个人信息的告知要求与同意要求】**

个人信息处理者向中华人民共和国境外提供个人信息的，应当向个人告知境外接收方的名称或者姓名、联系方式、处理目的、处理方式、个人信息的种类以及个人向境外接收方行使本法规定权利的方式和程序等事项，并取得个人的单独同意。

## 重点解读

本条明确了向境外提供个人信息的告知要求与同意要求。

就告知的内容而言，本条采取了“列举＋兜底”的方式，明确规定至少应当告知“境外接收方的名称或者姓名、联系方式、处理目的、处理方式、个人信息的种类以及个人向境外接收方行使本法规定权利的方式和程序”等事项，有助于权利人行使本法项下的信息主体权利，以及在发生个人信息安全事件后采取维权措施。

就同意的形式而言，本条明确个人信息处理者应当取得个人的单独同意。



## 实务要点

本条在实践中可能面临的最大问题仍是单独同意如何实现。同敏感个人信息的单独同意要求类似，一般宜以“单独弹窗”“单独协议”的方式进行告知，并通过信息主体主动勾选、主动点击确认的方式获得信息主体的单独同意。

**第四十条　【特殊个人信息处理者向境外提供个人信息的要求】**

关键信息基础设施运营者和处理个人信息达到国家网信部门规定数量的个人信息处理者，应当将在中华人民共和国境内收集和产生的个人信息存储在境内。确需向境外提供的，应当通过国家网信部门组织的安全评估；

法律、行政法规和国家网信部门规定可以不进行安全评估的，从其规定。

## 重点解读

本条规定了特殊个人信息处理者向境外提供个人信息的专门要求。

就主体而言，本条规制的个人信息处理者包括“关键信息基础设施运营者”及“处理个人信息达到国家网信部门规定数量的个人信息处理者”，相较于《网络安全法》第三十七条，本条进行了必要的扩张。对于“网信部门规定数量”，网信办尚未作出明确界定，有待后续配套监管规则确认。

就行为要求而言，原则上前述个人信息处理者在境内收集和产生的个人信息应进行本地化存储。仅在确需向境外提供的情形下，且通过国家网信部门组织的安全评估后，个人信息处理者方可向境外提供个人信息。

就评估的组织主体而言，《个人信息保护法》明确了安全评估由“国家网信部门组织”，确定了安全评估组织者的层级，有利于统一国家对个人信息出境的监管尺度，避免出现各地出境标准不一的问题，使监管权力和责任也更为清晰。

就例外情形而言，本条在《网络安全法》第三十七条规定的“法律、行政法规”基础上增加了“国家网信部门规定”，将确定例外情形的权力从人大、国务院进一步下放至国家网信部门。相较于法律、行政法规相对长的制定周期，国家网信部门的规定通常可以更为快速、灵活地作出调整。这也与安全评估作为一种监管手段，需要及时匹配客观实践的现实需求相符合。

## 实务要点

实践中，本条规定的安全评估与本法第五十五条规定的个人信息保护影响评估常被混淆。从实施的主体来看，个人信息出境安全评估由国家网信部门组织，而个人信息保护影响评估多为个人信息处理者自行实施；从适用场景来看，个人信息出境安全评估仅限于向境外提供个人信息的场景下，而个人信息保护影响评估的适用场景更为多样；从适用对象来看，个人信息出境安全评估适用的对象主要包括关键信息基础设施运营者和处理个人信息达到国家网信部门规定数量的个人信息处理者，而就个人信息保护影响评估而言，所有个人信息处理者都需要履行本法第五十五条关于个人信息保护影响评估的义务，并对处理情况进行记录。

## 关联法条

《网络安全法》第三十七条。

**第四十一条　【向境外司法或执法机构提供个人信息的批准要求】**

中华人民共和国主管机关根据有关法律和中华人民共和国缔结或者参加的国际条约、协定，或者按照平等互惠原则，处理外国司法或者执法机构关于提供存储于境内个人信息的请求。非经中华人民共和国主管机关批准，个人信息处理者不得向外国司法或者执法机构提供存储于中华人民共和国境内的个人信息。

## 重点解读

本条明确了向境外司法或执法机构提供个人信息的批准要求。

本条强调了对于外国司法或者执法机构索要境内个人信息的请求，应当由中华人民共和国主管机关进行处理。以《中华人民共和国政府和美利坚合众国政府关于刑事司法协助的协定》为例，我国负责接受美方请求的中央主管机关就是司法部。

首先，“非经中华人民共和国主管机关批准……不得……提供”的规定，明确了本条属于法律上的禁止性规定，违反该条款向境外提供个人信息的约定无效，且可能对个人信息处理者合规产生重大的影响。其次，从适用范围上，“外国司法或者执法机构……请求”的规定，避免了外国司法、执法机构通过司法协助或者行政执法协助之外的途径绕开本条获取个人信息的可能性。最后，在国际条约、协定之外，本条明确了亦可基于“互惠原则”对外提供个人信息。互惠原则作为一项重要的国际法原则，将有利于推动在该领域我国主管机关同其他国家、地区主管机关的国际合作。

## 关联法条

《数据安全法》第三十六条。

**第四十二条　【限制或者禁止个人信息提供清单制度】**

境外的组织、个人从事侵害中华人民共和国公民的个人信息权益，或者危害中华人民共和国国家安全、公共利益的个人信息处理活动的，国家网信部门可以将其列入限制或者禁止个人信息提供清单，予以公告，并采取限制或者禁止向其提供个人信息等措施。



## 重点解读

本条规定了“限制或者禁止个人信息提供清单”制度。

在实践中，个人信息一旦非法出境，则权利人再想要维护自己的权利或消除泄露的影响就极其困难，因此需要通过事后的一些手段对个人信息非法出境的行为进行震慑。对于境内主体，我国自然可以依据国内的法律法规进行惩处，然而对于境外的各类机构，长期以来一直缺乏有效的威慑手段。《个人信息保护法》立法中增加“限制或者禁止个人信息提供清单制度”，就是对于这一需求作出的回应。

本条明确了该制度的适用情形，即“侵害中华人民共和国公民的个人信息权益，或者危害中华人民共和国国家安全、公共利益”的境外组织、个人。从“侵害个人信息权益”到“危害……公共利益”，这一范围基本涵盖了个人信息违法出境可能导致的所有损害后果，为该制度的适用留下了相对灵活的空间。

从实施主体来看，限制或者禁止个人信息提供清单制度的实施主体为国家网信部门。事实上，在《个人信息保护法》出台之前，我国也已经在其他领域制定了类似的制度，例如2020年，商务部就发布了《不可靠实体清单规定》。因此，在《个人信息保护法》施行后，国家网信部门亦可能会负责牵头制定适用于“限制或者禁止个人信息提供清单”制度的规范性文件，落实“限制或者禁止个人信息提供清单”的认定流程。

从法律后果来看，对于被列入清单的组织或个人，可以采取包括限制或者禁止向其提供个人信息在内的措施。这无疑会对相关主体在中国境内的业务及其声誉产生严重的负面影响，具有相当大的威慑力。

值得注意的是，参考之前发布的《不可靠实体清单规定》，截至2021年7月底，我国尚未明确将任何境外主体列为不可靠实体，可见我国政府对于适用此类“清单”始终保持着一种相对审慎的态度。因此，《个人信息保护法》的“限制或者禁止个人信息提供清单”也可能成为一种不会被轻易使用的“终极武器”，我国未来也可能针对境外机构设置一些法律责任相对更轻的惩处措施，以适用于不同程度的损害行为。

## 实务要点

一旦境外主体落入限制或者禁止个人信息提供清单的范畴，个人信息处理者基于本法不得向其提供个人信息。从降低违约风险的角度考虑，建议个人信息处理者在与境外主体订立合同时将该主体被纳入“限制或者禁止个人信息提供清单”列为一种违约或者解除合同的事由，并在出现此类情形时尽快中止与其相关的合作，以免影响业务的正常开展。

## 关联法条

《不可靠实体清单规定》第二条。

**第四十三条　【对等反制措施制度】**

任何国家或者地区在个人信息保护方面对中华人民共和国采取歧视性的禁止、限制或者其他类似措施的，中华人民共和国可以根据实际情况对该国家或者地区对等采取措施。



## 重点解读

本条就我国对其他国家或者地区在个人信息保护方面采取对等反制措施作出了规定。

随着近几年国际政治经济局势的变化，部分国家对我国及我国公民、企业采取歧视性的禁止、限制或者其他类似措施，对我国的国家利益和我国企业在境外开展业务的合法利益造成了严重的负面影响。在此背景下，采取对等的反制措施就成为维护国家与人民利益的必要手段。

就立法基础而言，此类反制措施符合国际法上长久以来的“对等原则”，也与我国目前立法中的《出口管制法》第四十八条、《数据安全法》第二十六条所体现的立法精神相协一致。

## 实务要点

同限制或者禁止个人信息提供清单类似，若某国被我国采取反制措施，则个人信息处理者继续与该国企业开展合作将可能存在违反相应反制措施的风险。基于此，建议个人信息处理者可以考虑在签署合同时将“所在国被采取反制措施”列为终止合同的事由，以避免在未来陷入违约或违反我国反制措施的两难境地。

## 关联法条

《出口管制法》第四十八条；《数据安全法》第二十六条。

# 第四章 个人在个人信息处理活动中的权利



**第四十四条 【知情权和决定权】**

个人对其个人信息的处理享有知情权、决定权，有权限制或者拒绝他人对其个人信息进行处理；法律、行政法规另有规定的除外。

## 重点解读

本条规定了信息主体的知情权和决定权。

个人信息知情权，是指信息主体所享有的知悉自己个人信息被处理的一切相关情况的权利，其权利行使范围包括信息处理者的姓名或者名称、处理依据、处理目的、处理方式、处理持续期间以及是否向他人或境外传输等。

个人信息决定权，是指信息主体对于个人信息的支配并排斥他人非法干涉的权利，具体而言，自然人有权控制其个人信息是否被收集使用、何时以及通过何种方法被处理和使用。

或是为了保障立法的弹性，本条并未如欧盟《通用数据保护条例》（GDPR）第13条、第14条一般，对知情权的内容进行详尽的说明，一般来说，“知情权”指向个人有权知晓其个人信息被处理的情况；就“决定权”的内容而言，从条文本身来看与欧盟《通用数据保护条例》（GDPR）中的限制处理权及拒绝权相类似，主要表现为“限制或拒绝他人的处理”，更多表现为一种被动的防御。就两者的关系而言，知情权系行使决定权的前提，明确个人享有知情权和决定权，有利于个人更好地实现对其个人信息的控制。

此外，本条留有但书规定，即“法律、行政法规另有规定的除外”，体现了在立法过程中对于个人信息权利保护和信息流通的平衡。例如，若告知将妨碍国家机关履行职务的，个人信息处理者可以拒绝个人行使其知情权和决定权。

## 实务要点

知情权要求个人信息处理者应尊重和保护信息主体对于自身信息被处理的知悉权利，主动公开个人信息处理规则或在收到解释请求时依据个人信息处理规则向个人信息主体进行解释说明。知情权是行使其他个人信息权利的前提和基础，同时也是取得个人信息主体同意的重要基础。

决定权的权利内容包含两个方面，一是权利主体对于个人信息的主动支配，二是对于个人信息侵权行为的被动防御，本条立法着重强调了后者，即个人“有权限制或者拒绝他人对其个人信息进行处理”，这为信息主体制止侵权行为、保护个人信息权益提供了明确的法律依据。

## 关联法条

《消费者权益保护法》第八条。

**第四十五条　【查阅权、复制权和可携带权】**

个人有权向个人信息处理者查阅、复制其个人信息；有本法第十八条第一款、第三十五条规定情形的除外。

个人请求查阅、复制其个人信息的，个人信息处理者应当及时提供。

个人请求将个人信息转移至其指定的个人信息处理者，符合国家网信部门规定条件的，个人信息处理者应当提供转移的途径。



## 重点解读

本条明确了信息主体的查阅权、复制权和可携带权。

个人信息查阅权，是指信息主体享有向个人信息处理者要求查询阅览其个人信息的权利。查阅权是知情权的延伸，也是实现知情权的重要方式，该权利强调信息主体向个人信息处理者的主动查阅权，更好地体现了个人信息自决的特征。个人信息复制权，是指信息主体享有向个人信息处理者要求抄录和复制个人信息的权利，赋予了权利主体更完善的信息保护权利，从而保障个人信息权利的圆满实现。

个人信息查阅权、复制权的立法表述首次见于《民法典》第一千零三十七条，查阅、复制个人信息是更正权、删除权的前提和基础，便于个人有效行使更正、删除个人信息的权利，有助于加强个人对个人信息的了解和控制。区别于《民法典》相关规定，本条增加了查阅权、复制权行使的例外，即“有本法第十八条第一款、第三十五条规定情形的”。在该等情形下，个人信息处理者有权拒绝个人查阅、复制个人信息的请求，体现出立法者对于个人信息保护与公共利益的权衡。

个人信息可携带权，是指个人要求控制其个人信息的个人信息处理者将其个人信息转移给其他个人信息处理者的权利。个人信息可携带权是《个人信息保护法》正式稿的新规定，标志着可携带权正式成为个人信息处理活动中公民的一项独立权利并被纳入我国个人信息保护法律体系之中。

比较法下的可携带权立法最初见于欧盟《通用数据保护条例》（GDPR）第20条，该条明确数据主体有权将其个人数据直接无障碍地从一个控制者处转移至另一个控制者处且无须事先下载。与之相较，《个人信息保护法》对于个人信息可携带权进行了一定的限制，仅在“符合国家网信部门规定条件的”情形下，个人信息处理者有义务配合个人将其个人信息转移至其他个人信息处理者。对于行使可携带权的条件，或有待后续立法落实。

可携带权的落地，赋予了个人信息控制者在一定条件下控制其个人信息流转的权利，有利于破除大型平台对用户个人信息的“垄断”，借此打破“数据孤岛”，推动和加快数据的自由流动。

## 实务要点

1. 个人信息处理者响应信息主体查阅、复制权权利请求的措施

在《民法典》及《个人信息保护法》均明确了个人享有查阅权、复制权的情形下，如无法定例外情形，个人信息处理者

应当采取适当的方式对个人查阅、复制其个人信息的请求及时予以回应，确保其查阅权、复制权的行使。

需要注意的是，本次立法并未明确查阅权和复制权的具体行使规则和实现方式，许多拥有大量用户的平台企业担忧在《个人信息保护法》生效后，可能同时面临众多用户查阅、复制个人信息的巨量请求，甚至因此影响企业的正常生产经营秩序。作为个人信息处理者的企业应如何应对，如何切实实现信息主体的查询和复制权利并防止其滥用，进而实现个人信息权利与个人信息处理者提供配合义务的平衡，仍有待后续实践的持续探索，但个人信息处理者至少应当建立一定的内部响应流程，妥善响应信息主体的权利请求。

2. 个人信息处理者响应信息主体可携带权权利请求的措施

《个人信息保护法》未对可携带权的具体实施规则以及个人信息的具体传输方式和传输格式作出明确规定，但对于个人信息处理者而言，在具体操作规范出台之前，应当尽量以结构化、通用化以及可机读的自动化数据格式传输个人信息，积极响应权利主体的信息移转请求，同时建立完善的数据传输机制和安全保护措施，在保证个人信息存储和传输安全的前提下，及时反馈、评估、处理并评估个人信息主体的可携带权请求。

## 关联法条

《民法典》第一千零三十七条。

**第四十六条　【更正权和补充权】**

个人发现其个人信息不准确或者不完整的，有权请求个人信息处理者更正、补充。

个人请求更正、补充其个人信息的，个人信息处理者应当对其个人信息予以核实，并及时更正、补充。

## 重点解读

本条明确了信息主体的信息更正权和补充权。

个人信息更正权，是指当信息主体发现被控制或处理的个人信息存在错误时，请求信息处理者及时更改并加以修正的权利。

个人信息补充权，是指信息主体有权要求个人信息处理者对其记载不全面的个人信息予以补充、完善的权利。更正权和补充权的行使以信息记载不准确或不全面为前提，其本质是一种人格权请求权，基于信息主体的请求而履行相应配合义务则是个人信息处理者对其记载的不准确或不完整个人信息的修正和补救，亦符合本法第八条的要求。

《网络安全法》第四十三条、《民法典》第一千零三十七条均规定了个人的更正权，《个人信息保护法》在对信息主体的更正权予以重申的同时，区分了个人信息不准确及不完整的情形，并针对个人信息不完整的情形规定了信息主体的补充权，以使个人信息权利体系更加完善。

## 实务要点

更正权和补充权是个人信息权利体系的重要组成部分，也是确保个人信息准确性的重要权利手段。一旦个人信息错误而不能及时更正，即可能对自然人产生不利影响，如基于此种错误的个人信息进行信用评价包括自动化决策，可能会对自然人的其他民事权益造成损害。实践中，涉及更正个人信用情况的纠纷较为常见，不少企业因不愿意配合更正错误记载的个人信息而被诉，面临相应的诉累和舆情压力。在《个人信息保护法》生效后，建议企业建立一定的个人信息权利响应机制，在个人主张更正权、补充权时进行必要核查并在核查无误的情况下及时予以配合，以降低相应的合规风险。

## 案例解析

### ＊案情介绍

2018年4月15日，周某与某农商银行签订《个人借款/保证担保合同》1份，约定周某向某农商银行借款95万元，借款期限为2018年4月27日至2019年4月26日。借款时，周某向某农商银行提供了姚某及其丈夫刘某的居民身份证、户口簿等复印件。《个人借款/保证担保合同》保证人处有“姚某”的签名捺印，但签订合同时姚某未到场，也未在该合同上签字捺印（签名捺印非本人所为）。贷款到期后，因周某没有按时还款，某农商银行向中国人民银行征信中心上报了姚某的不良记录。2020年10月14日，姚某向中国邮政银行秦安支行申请贷款时发现自己存在不良记录。为此，姚某诉至法院。

＊法律解析

本案中，法院认为，某农商银行给他人贷款时，因疏于内部管理，审查不严，在未与姚某达成保证担保协议的情况下，冒用姚某姓名签订保证担保合同，并在借款人逾期的情况下，将姚某拉入中国人民银行征信中心不良记录，降低了姚某信用的社会评价，侵害了姚某的名誉权，其应当承担相应的民事责任。故对于姚某要求停止侵害、消除影响的诉讼请求应予支持。

实践中，个人信用记录是最常见的可能存在记载错误的个人信息类型。本案中姚某请求某农商行更正其信用记录，不仅系维护其名誉权的行为，亦属于行使个人信息更正权的行为。在《个人信息保护法》延续《民法典》的规定，重申了信息主体的更正权后，信息主体履行更正权的案例仍存在进一步增加的可能。考虑到诉累及潜在纠纷对个人信息处理者可能带来的不利影响，个人信息处理者应当充分重视并及时响应个人信息主体更正个人信息的权利请求。

## 关联法条

《民法典》第一千零三十七条；《网络安全法》第四十三条。

**第四十七条　【删除权】**

有下列情形之一的，个人信息处理者应当主动删除个人信息；个人信息处理者未删除的，个人有权请求删除：

（一）处理目的已实现、无法实现或者为实现处理目的不再必要；

（二）个人信息处理者停止提供产品或者服务，或者保存期限已届满；

（三）个人撤回同意；

（四）个人信息处理者违反法律、行政法规或者违反约定处理个人信息；

（五）法律、行政法规规定的其他情形。

法律、行政法规规定的保存期限未届满，或者删除个人信息从技术上难以实现的，个人信息处理者应当停止除存储和采取必要的安全保护措施之外的处理。

## 重点解读

本条明确了信息主体的删除权。

个人信息删除权，是指出现法定或约定情形时，信息主体有权请求信息处理者删除其个人信息。《网络安全法》第四十三条、《民法典》第一千零三十七条均规定了在个人信息处理者违法或违约处理个人信息的情形下个人的删除权，《个人信息保护法》第四十七条对于删除权适用的情形进行了扩张，增加了本条第一款第一项、第二项、第三项、第五项作为个人有权行使删除权的情形。

本条新增的四项删除权行使条件同个人信息存储期限最小化的要求密切相关。在处理目的已实现、无法实现或者为实现处理目的不再必要，个人信息处理者停止提供产品或者服务，或者保存期限已届满以及个人撤回同意的情形下，个人信息处理者不再处理用户个人信息，其继续保存用户个人信息可能违反必要性原则，此时，用户有权要求其删除。《个人信息保护法》对删除权的具体行使条件进行了细致规定，使得更多具体情形下的个人信息删除事宜有了直接依据，更有利于对个人信息权益的周全保护。

同时，立法也兼顾了个人信息删除的技术难度、个人信息处理者的法定义务与法律适用的协调适配。在基于以上原因无法实现删除的情形下，个人信息处理者应当停止除存储和采取必要的安全保护措施之外的处理。

## 实务要点

删除权的确立有助于加强信息主体对于自身信息的控制，并减小个人信息被泄露或过度传播、利用的法律风险。除了正面确立删除权以外，立法还将删除义务确立为一种主动性义务，即无须信息主体请求，个人信息处理者应当对于符合法定情形的个人信息进行主动删除，这也是个人信息删除权的一大特色。

需要注意的是，作为自然人个人信息权益内容的删除权与网络侵权领域中的“通知—删除规则”存在本质区别，二者不可混淆。“通知—删除规则”是网络服务提供者预防和制止网络侵权行为的一项法定义务，其适用条件为网络用户利用网络服务实施了侵权行为，而权利人通知网络服务提供者采取删除等必要措施，且网络服务提供者本身并未直接从事侵权行为。个人信息删除权则是个人信息保护领域内的一项信息权能，须由信息主体针对符合法定或约定情形下的个人信息提出删除主张，个人信息处理者须予以配合。

## 案例解析

### ＊案情介绍

2018年10月，孙某某通过甲公司运营的甲搜索引擎搜索“孙某某”关键词，发现甲搜索引擎收录并置顶了其在某校友录网站上传的个人账户头像（个人证件照）。随后，孙某某咨询该校友录网站实际运营者乙公司，乙公司称该校友录网站的服务器已于2013年关闭，现存照片为甲搜索引擎收录的图片快照。2018年10月23日，孙某某要求甲公司删除证件照，但未得到甲公司的任何处理。孙某某认为，涉案图片和其姓名的关联关系涉及个人隐私、个人信息。在校友录网站图片源地址已关闭的情况下，甲搜索引擎非法收录、存储涉及原告个人信息和个人隐私的图片，在收到通知的情况下仍不删除，构成侵权。故诉至法院，要求判令甲公司赔偿经济损失1元和维权费用40元。

### ＊法律解析

本案中，法院认定，孙某某通过甲搜索引擎搜索到涉案照片的技术过程为：第一步，涉案照片由原告上传至校友录网站，存储于校友录网站的服务器中；第二步，虽校友录门户网站已无法访问，普通网络用户不能通过门户网站常规访问的方式查找到涉案照片信息，但由于校友录网站存放照片的精确服务器地址仍向用户开放，通常的搜索引擎爬虫技术仍可访问到涉案照片；第三步，甲搜索引擎在提供搜索引擎服务的过程中，爬取到校友录网站的涉案信息，当用户对其发出相关搜索指令时，提供相关搜索结果。

法院指出，甲公司提供的搜索引擎服务将姓名与证件照结合，把“孙某某”这一自然人姓名和带有其面部特征信息的头像照片进行关联，成为可识别为唯一特定自然人的信息，该信息反映了孙某某面部形象的个体特征，构成个人信息。虽孙某某未授权对涉案信息进行全网公开，但搜索引擎网站无法预见一般公开的网络信息为未经授权公开的个人信息，其通过提供搜索引擎服务使用该等信息不存在过错。但甲公司收到删除通知后应及时采取措施，因怠于采取措施造成损失的，构成侵权，甲公司于判决生效之日起 7 日内赔偿孙某某经济损失 1 元和维权费用 40 元。

若本案发生在《个人信息保护法》生效之后，则孙某某亦可援引本条通知甲公司删除其个人信息，若甲公司拒不删除孙某某的个人信息，则可能违反《个人信息保护法》的有关规定，孙某某可据此向甲公司主张权利。



## 关联法条

《民法典》第一千零三十七条；《网络安全法》第四十三条。

**第四十八条　【解释与说明义务】**

个人有权要求个人信息处理者对其个人信息处理规则进行解释说明。

## 重点解读

本条规定了个人信息处理者的解释与说明义务，是对《个人信息保护法》第四十四条规定的个人信息处理者知情权的进一步细化。

个人信息处理者往往为具有专业知识和技术能力，处于优势地位的主体，其所提供的个人信息处理规则少则几千字，多则万余字，且其中不乏个人信息处理过程中的专业术语，对于社会一般公众而言，要求其自行完全理解上述信息处理规则并不现实，亦不符合公平原则。故《个人信息保护法》进一步明确了个人信息处理者的解释与说明义务，使信息处理规则切实落地于信息主体可理解的范围内，保障信息主体的知情权，进一步确保信息主体能够充分知晓个人信息处理规则，实现对个人信息权益的控制。

## 实务要点

实践中，不乏个人信息处理者采用浮窗文字、视频等多种方式对个人信息处理规则进行解释、说明的情形。对于个人信息处理者而言，采用适当的方式进行解释、说明，妥善应对个人信息处理者关于解释、说明的请求，既是其履行法定义务的表现，也有利于提升用户使用体验，增进用户对个人信息处理者的信任。

## 关联法条

《民法典》第四百九十六条、第一千零二十一条；《网络安全法》第四十一条。

**第四十九条　【死者个人信息权利的行使】**

**自然人死亡的，其近亲属为了自身的合法、正当利益，可以对死者的相关个人信息行使本章规定的查阅、复制、更正、删除等权利；死者生前另有安排的除外。**

## 重点解读

本条是有关自然人死亡后个人信息处理活动中相关权利行使的规定。

本条与《民法典》第九百九十四条相衔接，允许死者近亲属代为行使死者在个人信息处理活动中的权利，扩大了个人信息保护范围。

《个人信息保护法》出台前，立法界及理论界对于死者继承人是否享有死者个人信息的继承权这一问题始终未达成共识。司法实践中，多有个人信息处理者基于用户协议对账号等虚拟财产权益存在人身专属性的约定，而拒绝继承人行使权利或者申请继承的要求。个人信息权益作为同样具有人身专属性的权利，其能否继承存在一定的争议。本条的出台将从立法层面上确认个人信息权利人的近亲属可在其死亡且其无另行安排的情况下，取得死者个人信息处理活动中的查阅、复制、更正、删除等权利，从事实层面上实现个人信息权利的延续。

## 实务要点

本条规定虽具有极大的前瞻性，但在司法实践中可能仍需确认行权具体方式与范围。

1. “近亲属”的范围为何？本条仅概括性说明近亲属享有代死者行权的权利，但是并未详细解释近亲属包含的范围。从体系解释的角度出发，《个人信息保护法》作为保护个人信息的民事特别法，可将近亲属范围解释为《民法典》第一千零四十五条第二款规定的“配偶、父母、子女、兄弟姐妹、祖父母、外祖父母、孙子女、外孙子女”。

2. 近亲属行权是否有顺序限制？本条未划分“近亲属”的权利顺位，是否意味着近亲属行使权利无顺序限制要求？参考对自然人宣告死亡的相关规定，《民法典》已取消《民法通则》关于申请宣告死亡的申请人顺序限制，如此可更好地保护各方当事人权利，在个人信息保护中不要求顺序限制，将能够更加妥善地保护死者的个人信息权益。



## 关联法条

《民法典》第九百九十四条、第一千一百二十二条、第一千零四十五条。

**第五十条　【个人信息权益申请受理和处理机制】**

个人信息处理者应当建立便捷的个人行使权利的申请受理和处理机制。拒绝个人行使权利的请求的，应当说明理由。

个人信息处理者拒绝个人行使权利的请求的，个人可以依法向人民法院提起诉讼。

## 重点解读

本条明确了个人信息处理者建立个人信息权益申请受理和处理机制的要求。

本条规定的申请受理与处理机制的建立实际上为信息主体权利实现的途径，本法所规定的信息主体享有的全部权利（包括但不限于知情权、决定权、查询权、更正权、删除权等）均须依托于本条方可真正便捷地实现。同时，个人信息处理者唯有建立有效的申请与受理机制，权利人方有渠道向个人信息处理者反馈并要求其停止对信息主体的违法侵害行为。

本条所述申请受理和处理机制建立的要求，不仅适用于对个人信息权利人的信息保护，也适用于对侵害个人信息违法违规行为的管制。

本条第二款给予了个人信息权利人行权的二重保障，个人信息权利人不仅可以要求个人信息处理者说明拒绝其行权的原因，还可以选择向法院提起诉讼。同时，立法并未明确规定此两种方式存在适用上的顺序限制，这意味着信息主体可以在权利请求被拒绝后直接提起诉讼。

## 实务要点

本条系对个人信息处理者施加的义务，个人信息处理者在进行整体合规规划的过程中，应建立并完善个人信息权利人的申请受理与投诉举报渠道，并通过制度的形式明确受理后的处置和反馈流程。

就具体架构而言，申请受理与处理机制至少应包括权益响应架构、权益响应流程、具体响应要求等。

## 关联法条

《网络安全法》第四十九条。

# 第五章　个人信息处理者的义务

**第五十一条　【个人信息处理者的安全保护义务】**

个人信息处理者应当根据个人信息的处理目的、处理方式、个人信息的种类以及对个人权益的影响、可能存在的安全风险等，采取下列措施确保个人信息处理活动符合法律、行政法规的规定，并防止未经授权的访问以及个人信息泄露、篡改、丢失：

（一）制定内部管理制度和操作规程；

（二）对个人信息实行分类管理；

（三）采取相应的加密、去标识化等安全技术措施；

（四）合理确定个人信息处理的操作权限，并定期对从业人员进行安全教育和培训；

（五）制定并组织实施个人信息安全事件应急预案；

（六）法律、行政法规规定的其他措施。



## 重点解读

本条规定了个人信息处理者的安全保护义务。

安全保护义务，具体是指个人信息处理者为确保个人信息处理活动的合法合规、防止出现未经授权的访问以及个人信息泄露等其他安全问题而采取必要措施之义务。同时，本条亦对个人信息处理者履行安全保护义务所应采取必要措施的具体类型及内容进行了规定。

就内部管理制度和操作规程而言，结合本法第四条之规定，管理制度和操作规程至少应覆盖个人信息收集、存储、使用、加工、传输、提供、公开、删除等个人信息全生命周期流程。

就个人信息分类管理而言，《网络安全法》第二十一条首次在法律层面提出了“数据分类”的要求，《数据安全法》亦提出了数据分类分级的保护制度。不同类型的个人信息对于个人信息主体的重要性不同，被泄露、非法提供或滥用造成的损害和后果也不同。如果统一采取过度保护的策略，反而会造成不必要的资源浪费，也可能会影响个人信息的正常流动和价值实现。因此，需要对个人信息分类分级，根据个人信息所属的类型，给予相适应的保护，这样方能更好地实现个人信息保护和利用的平衡。

就应采取的安全技术措施而言，本条要求企业采取加密、去标识化处理等安全技术措施。“去标识化”是指个人信息在技术的作用下，可以去除其身份性因素，从而除去数据和数据主体之间的关联。其基本原理是试图断开或削弱数据与数据主体之间的关联，即在数据共享前将数据中包含个人信息的字段删除。这种删除仍然可能有隐患，非直接的识别符可能不会被删除，第三方仍然有可能通过留存的数据结合外部数据的分析重新识别到个人，从而挖掘出被隐藏的数据主体身份。[①] 因此，除“去标识化”之外，建议企业应当同时采取多种安全技术措

① 彭诚信、史晓宇：《个人信息识别标准的域外考察和在我国的转进——基于美欧国家制度互动的分析》，载《河南社会科学》2020 年第 11 期第 5 页。

施，以进一步降低个人信息安全风险。例如，参照《个人信息安全规范》第6.2条，企业宜基于个人信息分类的结果，通过将可用于恢复识别个人的信息和已加密、去标识化的信息分开存储并加强访问和使用的权限管理的方式，降低个人信息安全事件发生的系统性风险。对于敏感程度较高的个人信息，建议采取更为严格的安全技术措施，以降低个人信息可能面临的风险。

就内部操作权限配置而言，参照《个人信息安全规范》第7.1条a项，合理的内部操作权限配置应符合最小授权的访问控制策略，使被授权访问个人信息的人员只能访问职责所需的最小必要的个人信息，且仅具备完成职责所需的最少的数据操作权限。

就从业人员管理而言，本法明确要求个人信息处理者应定期对从业人员进行安全教育和培训，使其掌握岗位职责和个人信息处理的政策策略及规范规程。

就制定并组织实施个人信息安全事件应急预案而言，参照《个人信息安全规范》《国家网络安全事件应急预案》的规定，个人信息处理者应对涉及个人信息泄露或者被窃取、篡改、删除的重大安全事件制定包括监测预警、应急处置、调查评估在内的一系列应急预案措施，并开展日常演练、宣传、培训等工作。

此外，本条第六项留下了弹性空间，即“法律、行政法规规定的其他措施”，意味着如果法律、行政法规对个人信息保护者提出其他保护措施要求的，应依照其规定。

## 实务要点

1. 采用何种标准进行个人信息分类管理

《个人信息保护法》明确要求对个人信息进行分类管理，

对于个人信息处理者而言，适用何种标准进行个人信息分类是进行个人信息分类管理的重要前提。

参照《信息安全技术 大数据安全管理指南》（GB/T 37973－2019，以下简称《大数据安全管理指南》）第7.1条，数据分类应当满足科学性、稳定性、实用性和扩展性的要求。同时，根据《大数据安全管理指南》第7.3条，个人信息处理者宜按照《信息分类和编码的基本原则与方法》（GB/T 7027－2002）第六章规定的信息分类基本方法，按个人信息主体、主题、业务等不同的属性进行分类。

尽管《大数据安全管理指南》仅是推荐性国家标准，但其提供的分类示例可以作为数据分类的重要参考。在其附录A中，依据支撑电信业务的业务支撑域系统（B域）、网络支撑域系统（O域）、管理信息域系统（M域）、信令/DPI数据系统、业务管理平台等五大领域的数据，对电信行业数据分类进行了示例，具体如下：

| 类别 | 子类及范围 |
| --- | --- |
| （A类）用户身份相关数据 | （A1）用户身份和标识信息：<br>（A1－1）自然人身份标识、（A1－2）网络身份标识、（A1－3）用户基本资料、（A1－4）实体身份证明、（A1－5）用户私密资料<br>（A2）用户网络身份鉴权信息：<br>（A2－1）密码及关联信息 |
| （B类）用户服务内容数据 | （B1）服务内容和资料数据：<br>（B1－1）服务内容数据、（B1－2）联系人信息 |

续表

| 类别 | 子类及范围 |
| --- | --- |
| （C 类）用户服务衍生数据 | （C1）用户服务使用数据：<br>（C1－1）业务订购关系、（C1－2）服务记录和日志、（C1－3）消费信息和账单、（C1－4）位置数据、（C1－5）违规记录数据<br>（C2）设备信息：<br>（C2－1）设备标识、（C2－2）设备资料 |
| （D 类）企业运营管理数据（企业运营管理数据依据其商业价值，分为“核心”、“重要”、“一般”、“公开”四类数据。） | （D1）企业管理数据：<br>（D1－1）：企业内部核心管理数据、（D1－2）：企业内部重要管理数据、（D1－3）：企业内部一般管理数据、（D1－4）：市场核心经营类数据、（D1－5）：市场重要经营类数据、（D1－6）：市场一般经营类数据、（D1－7）：企业公开披露信息、（D1－8）：企业上报信息<br>（D2）业务运营数据：<br>（D2－1）：重要业务运营服务数据、（D2－2）：一般业务运营服务数据、（D2－3）：业务运营服务数据、（D2－4）：数字内容业务运营数据<br>（D3）网络运维数据：<br>（D3－1）：网络设备及 IT 系统密码及关联信息、（D3－2）：核心网络设备及 IT 系统资源数据、（D3－3）：重要网络设备及 IT 系统资源数据、（D3－4）：一般网络设备及 IT 系统资源数据、（D3－5）：公开网络设备及 IT 系统资源数据、（D3－6）：公开网络设备及 IT 系统支撑数据<br>（D4）合作伙伴数据：<br>（D4－1）：渠道基础数据、（D4－2）：CP/SP 基础数据 |

《个人金融信息保护技术规范》（JR/T 0171—2020）作为金融行业的重要标准，在其第 4.1 条亦对个人金融信息进行了如下分类，亦可作为参考：

<table>
<tr><th colspan="2">信息类型</th><th>具体信息</th></tr>
<tr><td colspan="2">账户信息</td><td>指账户及账户相关信息，包括但不限于支付账号、银行卡磁道数据（或芯片等效信息）、银行卡有效期、证券账户、保险账户、账户开立时间、开户机构、账户余额以及基于上述信息产生的支付标记信息等</td></tr>
<tr><td colspan="2">鉴别信息</td><td>指用于验证主体是否具有访问或使用权限的信息，包括但不限于银行卡密码、预付卡支付密码；个人金融信息主体登陆密码、账户查询密码、交易密码；卡片验证码（CVN 和 CVN2）、动态口令、短信验证码、密码提示问题答案等</td></tr>
<tr><td colspan="2">金融交易信息</td><td>个人金融信息主体在交易过程中产生的各类信息，包括但不限于交易金额、支付记录、透支记录、交易日志、交易凭证；证券委托、成交、持仓信息；保单信息、理赔信息等</td></tr>
<tr><td rowspan="2">个人身份信息</td><td>个人基本信息</td><td>包括但不限于客户法定名称、性别、国籍、民族、职业、婚姻状况、家庭状况、收入情况、身份证和护照等证件类信息、手机号码、固定电话号码、电子邮箱、工作及家庭地址，以及在提供产品和服务过程中收集的照片、音视频等信息</td></tr>
<tr><td>个人生物识别信息</td><td>包括但不限于指纹、人脸、虹膜、耳纹、掌纹、静脉、声纹、眼纹、步态、笔迹等生物特征样本数据、特征值与模板</td></tr>
<tr><td colspan="2">财产信息</td><td>指金融业机构在提供金融产品和服务过程中，收集或生成的个人金融信息主体财产信息，包括但不限于个人收入状况、拥有的不动产状况、拥有的车辆状况、纳税额、公积金存缴金额等</td></tr>
<tr><td colspan="2">借贷信息</td><td>指个人金融信息主体在金融业机构发生借贷业务产生的信息，包括但不限于授信、信用卡和贷款的发放及还款、担保情况等</td></tr>
</table>

续表

| 信息类型 | |
|---|---|
| 其他信息 | 对原始数据进行处理、分析形成的，能够反映特定个人某些情况的信息，包括但不限于特定个人金融信息主体的消费意愿、支付习惯和其他衍生信息 |
| | 在提供金融产品与服务过程中获取、保存的其他个人信息 |

2. 应急预案的内容与应急演练的组织、实施

《个人信息保护法》明确将“制定并组织实施个人信息安全事件应急预案”上升为个人信息处理者的义务。如何制定个人信息安全事件应急预案，在制定应急预案后如何组织、实施应急演练，是这一义务的两个核心问题。

就应急预案的内容而言，一般应包括应急处理流程、事件上报流程等内容。同时，企业应定期组织开展应急演练，完善处置流程，及时处置系统漏洞、计算机病毒、网络攻击、网络侵入等安全风险，保证在系统服务异常以及危机等情景下个人信息的完整、准确和连续。此外，企业应留存应急培训和应急演练记录，作为潜在的应对监管核查的证明材料。最后，应急预案并非一劳永逸，而应该定期对原有的应急预案进行重新评估，根据网络安全最新动态和应急演练发现的问题，修订完善应急预案。

具体而言，参照《个人信息安全规范》第10.1条a项和第10.1条b项，个人信息处理者应定期（至少每年一次）组织内部相关人员进行应急响应培训和应急演练，使其掌握岗位职责和应急处置策略和规程，并根据相关法律法规变化情况以及事件处置情况，及时更新应急预案。

## 案例解析

＊**案情介绍**

2021年初，某银行因数据安全问题被银保监会处以420万元罚款。

根据银保监会公开的行政处罚信息显示，该行主要违法违规事实分别为：发生重要信息系统突发事件未报告；制卡数据违规明文留存；生产网络、分行无线互联网络保护不当；数据安全管理较粗放，存在数据泄露风险，网络信息系统存在较多漏洞；互联网门户网站泄露敏感信息；等等。

＊**法律解析**

从处罚事由不难看出，该银行被银保监会处罚的主要原因在于数据安全保护不到位，包括未贯彻应急预案、个人金融信息明文留存、个人信息安全管理不完善等。

随着数字化转型进程的加快，大量个人信息处理者的业务由线下转为线上，交易链条不断延伸，个人信息的交互逐渐增加。然而，部分个人信息处理者个人信息安全保护意识缺失，存在安全管理不到位的情形，且可能未采取必要的个人信息安全技术措施和管理手段，导致个人信息安全风险增加，甚至引发个人信息安全事件，对信息主体的权益造成了不利影响。《个人信息保护法》细化个人信息处理者的个人信息安全管理义务，旨在通过较为明确、清晰的要求，指引个人信息处理者履行个人信息安全管理义务。对于个人信息处理者而言，建议结合自身业务开展情况充分评估个人信息安全管理方面的合规情况，完善个人信息治理架构，结合《个人信息保护法》的规定进一步调整个人信息安全管理架构，完善安全管理措施，降低因个人信息安全管理不善所带来的潜在风险。

## 关联法条

《网络安全法》第二十一条、第四十三条；《数据安全法》第二十一条。

**第五十二条　【个人信息保护负责人】**

处理个人信息达到国家网信部门规定数量的个人信息处理者应当指定个人信息保护负责人，负责对个人信息处理活动以及采取的保护措施等进行监督。

个人信息处理者应当公开个人信息保护负责人的联系方式，并将个人信息保护负责人的姓名、联系方式等报送履行个人信息保护职责的部门。



## 重点解读

本条明确了个人信息处理者指定个人信息保护负责人的条件、个人信息保护负责人的职责以及个人信息处理者应当承担的义务。

个人信息保护负责人，是指个人信息处理者内部对个人信息处理活动及采取的保护措施进行监督并承担责任的自然人主体。该制度与欧盟《通用数据保护条例》（GDPR）中规定的“数据保护官”有相似的逻辑，旨在通过建立个人信息处理者与社会公众、监管部门之间的联系，有效强化对个人信息处理活动的监督。

就主体范围来看，本条明确仅有处理个人信息达到国家网信部门规定数量的个人信息处理者才负有指定个人信息保护负责人的义务。但就何者需承担前述义务，是否沿用采纳《个人信息安全规范》第11.1条c项规定的判断标准，[①] 有待网信部门在本法正式颁布后制定详细的实施细则进一步完善。

就职责范围来看，个人信息保护负责人需要对个人信息处理活动及采取的相应保护措施进行监督。

同时，本条亦要求个人信息处理者履行履职信息公开及报送的义务，要求将个人信息保护负责人姓名与联系方式等相关信息报送相关监管部门。

## 实务要点

个人信息保护负责人义务适用的主体范围及判断标准是个人信息处理者在实践中最为关注的问题。对此，个人信息处理者应当及时关注相关监管部门关于主体适用范围的最新政策和规定，明确自身是否负有指定个人信息保护负责人的特定义务。

同时，本条仅对个人信息保护负责人的设置提出框架性的要求，个人信息负责人的任职条件、职责范围等问题，或可参

---

① 《个人信息安全规范》第11.1条c项规定，满足以下条件之一的组织，应设立专职的个人信息保护负责人和个人信息保护工作机构，负责个人信息安全工作：

1）主要业务涉及个人信息处理，且从业人员规模大于200人；

2）处理超过100万人的个人信息，或预计在12个月内处理超过100万人的个人信息；

3）处理超过10万人的个人敏感信息的。

照《个人信息安全规范》第11.1条的规定或后续出台的具体实施细则。

具体而言，个人信息保护负责人一般应由具有相关管理工作经历和个人信息保护专业知识的人员担任，参与有关个人信息处理活动的重要决策，直接向组织主要负责人报告工作。其职责一般应包括但不限于：（1）全面统筹实施组织内部的个人信息安全工作，对个人信息安全负直接责任；（2）组织制定个人信息保护工作计划并督促落实；（3）制定、签发、实施、定期更新个人信息保护政策和相关规程；（4）建立、维护和更新组织所持有的个人信息清单（包括个人信息的类型、数量、来源、接收方等）和授权访问策略；（5）开展个人信息安全影响评估，提出个人信息保护的对策建议，督促整改安全隐患；（6）组织开展个人信息安全培训；（7）在产品或服务上线发布前进行检测，避免未知的个人信息收集、使用、共享等处理行为；（8）公布投诉、举报方式等信息并及时受理投诉举报；（9）进行安全审计；（10）与监督、管理部门保持沟通，通报或报告个人信息保护和事件处置等情况。

## 关联法条

《网络安全法》第二十一条。

**第五十三条 【境外个人信息处理者的专门机构或指定代表】**

本法第三条第二款规定的中华人民共和国境外的个人信息处理者，应当在中华人民共和国境内设立专门机构或者指定代表，负责处理个人信息保护相关事务，并将有关机构的名称或者代表的姓名、联系方式等报送履行个人信息保护职责的部门。

## 重点解读

本条明确了境外个人信息处理者设立专门机构或指定代表的义务。

由境外机构于境内设立的专门机构或指定代表承担个人信息保护责任的规定曾见于《个人信息出境安全评估办法（征求意见稿）》[1] 第二十条，目的是通过对境外个人信息处理者于境内设立的专门机构或指定代表的管辖而间接实现对境外个人信息处理者的管辖。这一要求有助于实现本法第三条之立法精神，切实达到对境外个人信息处理主体实施监管的目的，从而防范境外个人信息处理者损害我国境内公民个人信息权益的情形发生。



① 参见“国家互联网信息办公室关于《个人信息出境安全评估办法（征求意见稿）》公开征求意见的通知”，载 http：//www. cac. gov. cn/2019 －06/13/c_1124613618. htm，最后访问日期2021年9月13日。

## 实务要点

对于境外个人信息处理者而言，处理中国境内的个人信息数据，就必然涉及受中国境内政府监管的问题。而对于境外机构而言，通过境内专门机构或指定代表建立起与监管部门的联系，也有利于建立良好的沟通渠道。从这个意义上来说，相关境外机构应当积极履行设立专门机构或指定代表的特定义务，并将有关机构的名称或者代表的姓名、联系方式及时报送给相关监管部门。

但同时，如何确定本条中“专门机构”所指向的对象及范围，可能成为实践中境外个人信息处理者需要面对的问题。一般来说，境外个人信息处理者的境内主体、子公司、代表处或许可以作为此处的“专门机构”，但该类“专门机构”能否满足监管要求，或有待监管实践进一步明确。



**第五十四条　【个人信息合规审计】**

个人信息处理者应当定期对其处理个人信息遵守法律、行政法规的情况进行合规审计。

## 重点解读

本条明确了个人信息处理者的合规审计义务。

个人信息安全审计，是揭示信息安全风险的最佳手段，亦是改进信息安全现状的有效途径。可以说，定期进行个人信息安全审计，是个人信息处理者满足个人信息安全合规要求的有力武器。

## 实务要点

实践中，个人信息合规审计工作主要参照《个人信息安全规范》开展。

1. 审计的内容

根据《个人信息安全规范》第11.7条a项，个人信息处理者应对个人信息保护政策、相关规程和安全措施的有效性进行审计。

从审计内容看，基本涵盖了个人信息安全保护的方方面面，从制度文本到执行情况，从法律合规到技术安全，全面检验个人信息保护的有效性。

2. 建立自动化审计系统

根据《个人信息安全规范》第11.7条b项，个人信息处理者应建立自动化审计系统，监测记录个人信息处理活动。

《个人信息安全规范》建立自动化审计系统的要求，旨在为监测记录个人信息处理活动提供技术保障。对于自动化审计系统的理解，以个人信息存储在云上为例，部分云服务商提供了数据库审计的服务，可以考虑作为这里的自动化审计系统使用。但是否确切符合前述规定的自动化审计系统要求，有待监管部门的进一步意见。

3. 审计应达到的效果和后续处置要求

根据《个人信息安全规范》第11.7条c项，审计过程形成的记录应能对安全事件的处置、应急响应和事后调查提供支撑。根据《个人信息安全规范》第11.7条e项的规定，应及时处理审计过程中发现的个人信息违规使用、滥用等情况。

合规审计的目的在于全程记录，及时发现问题，能够为后续出现问题时提供核查依据。就像飞机上的“黑匣子”，如果飞机不幸失事，寻找“黑匣子”并读取分析里面记录的内容就成为调查飞机失事原因的重要手段之一。对于审计过程中发现的违法违规使用个人信息的情况，个人信息处理者应及时处理，避免继续进行违规操作。而如果知道存在问题仍然继续违规操作，在出现安全事件时，个人信息处理者将很难经受起主观是否存在恶意的质问。

**第五十五条　【个人信息保护影响评估】**

有下列情形之一的，个人信息处理者应当事前进行个人信息保护影响评估，并对处理情况进行记录：

（一）处理敏感个人信息；

（二）利用个人信息进行自动化决策；

（三）委托处理个人信息、向其他个人信息处理者提供个人信息、公开个人信息；

（四）向境外提供个人信息；

（五）其他对个人权益有重大影响的个人信息处理活动。



## 重点解读

本条明确个人信息处理者应当事前进行个人信息保护影响评估。

在个人信息处理动作越发复杂化且不断演化的当下，直接的行为规范可能不足以应对所有个人信息处理活动中潜在的风险，基于此，不少国家和地区的个人信息保护立法提出一种“评估式合规”要求（Assessment - Based Compliance）。这类规定并没有针对特定的个人信息处理活动提出明晰、确定的安全控制措施，而是要求组织针对特定个人信息处理活动，开展具体的风险分析并采取与风险相称的安全控制措施，将对个人信息主体合法权益不利影响的风险降低到可接受的程度。我国《个人信息保护法》提出的“个人信息保护影响评估”和欧盟《通用数据保护条例》（GDPR）提出的“数据保护影响评估”（Data Protection Impact Assessment）即为典型的例子。这样的规范路径并不事先设定，而是要求个人信息处理者完成完整的风险评估流程，并根据评估得到的风险自主提出合规措施，其核心目的是在一定场景中，超越“静态底线式”的个人信息保护合规，实现有效、全面地掌握信息处理行为对个人合法权益影响的风险变化，有针对性地提出安全保护措施，最终达到动态优化式的权益保护效果。①

本条对个人信息保护影响评估的适用情形进行了明确规定，主要集中于自动化决策、处理敏感个人信息等对个人权益有重大影响的个人信息处理活动。同时本条亦明确要求个人信息处理者对处理情况进行记录，以更好地实现对个人信息处理行为的全程控制。

---

① 洪延青：《中国个人信息保护立法丨善用个人信息保护影响评估 灵活实现创新和个人保护的平衡》，https：//mp. weixin. qq. com/s/rSETYZHPg - BpVso75h3DnA，最后访问时间 2021 年 8 月 25 日。

## 实务要点

事前个人信息保护影响评估作为特定个人信息处理活动的必要前置程序，对个人信息处理者的日常业务经营影响显著。结合《个人信息安全影响评估指南》以及《个人信息安全规范》的具体制度设计，个人信息处理者开展个人信息保护影响评估需要注意以下几点要求：

首先，作为一项事前预警机制，个人信息保护影响评估必须在特定个人信息处理活动开展之前完成，因此个人信息处理者应提前建立评估制度、设计评估方案并做好相应准备。

其次，个人信息处理者应当明确开展评估的适用范围，确保对本条的各项特定个人信息处理活动进行充分、准确的识别。

再次，个人信息处理者是个人信息保护影响评估的义务主体，个人信息处理者可以选择根据内部责任部门自行设置开展个人信息保护影响评估工作，也可以聘请外部独立的第三方来承担具体的个人信息保护影响评估工作。

最后，本条要求个人信息处理者应当对处理情况进行记录，建立起个人信息处理活动的档案管理制度，将历次风险评估报告及处理结果进行保存留档，以应对监管部门的不定期抽查。

## 案例解析

### * 案情介绍

2019 年 8 月，瑞典某高中使用人脸识别技术来记录学生们的上课考勤，学生们的面部生物识别数据以及全名被相机以照片的形式捕捉并存储于未连接互联网的本地计算机中。在进行实验的三周内，学校董事会用该方式监测了学校22名学生的出勤情况，并进一步考虑将该技术作为后续考勤的标准程序来实施。学校在收集学生的生物识别信息之前虽然征得了监护人的明确同意，但是未进行相关的风险评估，亦未与瑞典主管数据保护的机构进行协商。最终，瑞典数据保护局对该校处以约2万欧元的罚款，这也是瑞典著名的“人脸识别第一案”。

**＊法律解析**

欧盟《通用数据保护条例》（GDPR）第35条至第36条指出，当数据处理活动可能对自然人权利和自由带来高风险时，应提前评估其对于个人数据保护的影响。该条即著名的数据保护影响评估（DPIA），系GDPR框架下问责义务的关键部分。

在具体实践中，将数据保护影响评估制度作为一项强制性义务，有利于更好地对包括人脸识别在内的属于应进行评估的典型场景的新型个人信息处理活动进行监督管理。这是由于该类制度能够避免传统监管路径上“一刀切”的弊端，凭借对个人信息处理活动风险程度的量化，提升了数据保护的有效性与实质意义。

我国《个人信息保护法》中的“个人信息保护影响评估”制度同GDPR项下的数据保护影响评估制度有较大的相似性，个人信息处理者在符合《个人信息保护法》规定的相关场景下，应当及时开展个人信息保护影响评估工作，以降低潜在的合规风险。

**第五十六条　【个人信息保护影响评估的具体内容】**

个人信息保护影响评估应当包括下列内容：

（一）个人信息的处理目的、处理方式等是否合法、正当、必要；

（二）对个人权益的影响及安全风险；

（三）所采取的保护措施是否合法、有效并与风险程度相适应。

个人信息保护影响评估报告和处理情况记录应当至少保存三年。

## 重点解读

本条明确了个人信息保护影响评估的具体内容。

本条强调事前个人信息保护影响评估所需考虑的具体要素主要包括以下三点：

第一，个人信息的处理目的、处理方式等是否符合本法第五条、第六条规定的合法、正当、必要原则；

第二，个人信息处理者应重点分析特定个人信息处理活动对个人信息主体的合法权益的影响以及相应的安全风险；

第三，在上述第二点的基础上，个人信息保护影响评估还应当考虑所采取的个人信息安全保护措施是否合法、有效并与风险程度相适应，真正做到全盘统筹兼顾。

## 实务要点

《个人信息安全影响评估指南》或将成为实务中个人信息处理者开展个人信息保护影响评估的重要参考，其中规定的评估方法对于评估个人信息处理活动对个人权益的影响及安全风险具有重要参考意义。

1. 个人权益影响分析

参照《个人信息安全影响评估指南》第5.5条，个人权益影响分析系指分析特定的个人信息处理活动是否会对个人信息主体合法权益产生影响及可能产生何种影响。个人权益影响概括可分为“限制个人自主决定权”“引发差别性待遇”“个人名誉受损或遭受精神压力”“人身财产受损”四个维度：

（1）限制个人自主决定权。例如被强迫执行不愿执行的操作、缺乏相关知识或缺少相关渠道更正个人信息、无法选择拒绝个性化广告推送、被蓄意推送影响个人价值观判断的资讯等。

（2）引发差别性待遇。例如因疾病、婚史、学籍等信息泄露造成的针对个人权利的歧视；因个人消费习惯等信息的滥用而对个人公平交易权造成损害等。

（3）个人名誉受损或遭受精神压力。例如被他人冒用身份，公开不愿为人知的习惯、经历等，被频繁骚扰、监视追踪等。

（4）人身财产受损。例如引发人身伤害，资金账户被盗，遭受诈骗、勒索等。

2. 安全风险分析

参照《个人信息安全影响评估指南》，安全风险分析或可划分为安全事件可能性分析及风险分析。

参照《个人信息安全影响评估指南》第5.4条，与安全事件可能性相关的要素可以归纳为以下四个方面：

（1）网络环境和技术措施。如所处网络环境，与其他系统的交互方式，采取的加密、授权、访问控制、审计、备份等技术措施。

（2）个人信息处理流程。如个人信息收集的规范性、告知是否友好可达、是否定义了个人信息最小元素集、是否提供便捷有效的个体参与的机制等。

（3）参与人员与第三方。如是否任命个人信息保护负责人或个人信息保护工作机构、人员背景审查情况、对第三方采取的监管措施、第三方处理个人信息过程的可控性等。

（4）业务特点、规模及安全态势。如业务对个人信息处理的依赖性、近期内遭受网络攻击或发生安全事件的情况、近期内收到过的安全相关的警示信息、当前或预计处理个人信息的规模、频率等。

参照《个人信息安全影响评估指南》第5.6条，进行风险分析时，首先，应根据个人信息处理活动已实施的安全措施、相关方、处理规模等要素，评价安全事件发生的可能性等级。其次，应根据个人信息处理活动的目的、状态、相关个人信息的敏感程度，同时考虑个人信息主体数量、群体特征等要求，评价对个人权益影响的程度等级。最后，综合考虑安全事件可能性和个人权益影响程度两个要素，综合分析得出风险等级。

**第五十七条　【个人信息泄露事件处置】**

发生或者可能发生个人信息泄露、篡改、丢失的，个人信息处理者应当立即采取补救措施，并通知履行个人信息保护职责的部门和个人。通知应当包括下列事项：

（一）发生或者可能发生个人信息泄露、篡改、丢失的信息种类、原因和可能造成的危害；

（二）个人信息处理者采取的补救措施和个人可以采取的减轻危害的措施；

（三）个人信息处理者的联系方式。

个人信息处理者采取措施能够有效避免信息泄露、篡改、丢失造成危害的，个人信息处理者可以不通知个人；履行个人信息保护职责的部门认为可能造成危害的，有权要求个人信息处理者通知个人。



## 重点解读

本条明确了个人信息泄露、篡改、丢失时个人信息处理者的处置义务。

本条强调的是在发生个人信息安全事件时个人信息处理者如何处置，并将处置义务具象为补救和通知。

就补救和通知义务的触发时点而言，只要个人信息处理者发现或者可能发生该等信息泄露、篡改、丢失的情形，便应当立即通知并采取补救措施。

就补救义务的内容而言，主要表现为采取可以避免信息泄露、篡改、丢失造成严重损害或防止损害继续扩大的相关措施。

就通知义务的具体内容而言，本条列举了个人信息泄露、篡改、丢失的信息种类、原因和可能造成的危害，采取的补救措施、个人可以采取的减轻危害的措施，联系方式等；就通知义务的范围而言，个人信息处理者对个人和有关监管部门的通知义务略有区别：本条第二款规定了可以不通知个人的例外情形，即个人信息处理者采取措施能够有效避免信息泄露、篡改、丢失造成危害的，以及有例外情形的，即履行个人信息保护职责的部门认为个人信息泄露可能造成危害的，个人信息保护部门有权要求个人信息处理者通知个人。

## 实务要点

如何妥善履行本条规定的通知义务，是实务中的一个难点。考虑到个人信息泄露、篡改、丢失的发生难以避免，在泄露、篡改、丢失发生后，是否妥善、有效地履行了通知义务，可能对个人信息处理者在发生个人信息泄露、篡改、丢失事件后的责任认定产生一定的影响。

从告知的方式来看，参照《个人信息安全规范》第 10.2 条 a 项，个人信息处理者应及时将事件相关情况以邮件、信函、电话、推送通知等方式告知受影响的个人信息主体。难以逐一告知个人信息主体时，应采取合理、有效的方式发布与公众有关的警示信息。

从告知的内容来看，本条同《个人信息安全规范》第 10.2 条 b 项的规定基本一致。该等告知内容要求，主要在于确保用户对网络安全事件的知情。告知用户应及时，并且应及时解答用户的相关疑问。告知的内容应真实、准确、完整，避免因担心用户恐慌而刻意隐藏或告知虚假内容，否则反而会引起用户的质疑和不必要的恐慌，给安全事件的处置添加不必要的额外情况。对于个人信息主体自主防范和降低风险的建议，宜提供简单、易懂、便捷的操作方式，如及时修改账号密码等，不应过于烦琐、晦涩难懂。

## 关联法条

《网络安全法》第四十二条。

**第五十八条　【重要互联网平台特定的个人信息保护义务】**

提供重要互联网平台服务、用户数量巨大、业务类型复杂的个人信息处理者，应当履行下列义务：

（一）按照国家规定建立健全个人信息保护合规制度体系，成立主要由外部成员组成的独立机构对个人信息保护情况进行监督；

（二）遵循公开、公平、公正的原则，制定平台规则，明确平台内产品或者服务提供者处理个人信息的规范和保护个人信息的义务；

（三）对严重违反法律、行政法规处理个人信息的平台内的产品或者服务提供者，停止提供服务；

（四）定期发布个人信息保护社会责任报告，接受社会监督。

## 重点解读

本条明确了重要互联网平台特定的个人信息保护义务。

本条首次从法律层面明确提出并强化重要互联网平台个人信息保护义务的要求，实践中有学者将本条称为“守门人义务”条款。①

对于本条之规定，需要重点理解“适用主体”“健全体系”“外部监督”“制定平台规则”“平台治理”“社会责任报告”六个要点：

1. “适用主体”，即哪些个人信息处理者属于“提供重要互联网平台服务、用户数量巨大、业务类型复杂的个人信息处理者”？

（1）“重要互联网平台服务”

对于“互联网平台”的理解，可供参照的规定为2021年2月7日发布并生效的《国务院反垄断委员会关于平台经济领域的反垄断指南》。该指南第二条第一项、第二项明确了“互联网平台”和“平台经营者”的概念，规定“（一）平台，本指南所称平台为互联网平台，是指通过网络信息技术，使相互依赖的双边或者多边主体在特定载体提供的规则下交互，以此共同创造价值的商业组织形态。（二）平台经营者，是指向自然人、法人及其他市场主体提供经营场所、交易撮合、信息交流等互联网平台服务的经营者……”中国互联网协会于2021年4月27日发布了《互联网平台企业依法合规经营倡议书》，并得到首批一百五十家互联网企业积极响应，其中涉及的这一百五

① 张新宝：《互联网生态“守门人”个人信息保护特别义务设置研究》，载《比较法研究》2021年第3期。

十家互联网平台企业亦可以作为理解本条范围的参考。

需要指出的是，本条还增加了“重要”的限制，也就意味着并非所有互联网平台企业都能纳入本条的适用范围。区别于欧盟《数字市场法（草案）》（Digital Markets Act）中有明确年营业额、平均市值、月活跃终端用户数量作为“守门人企业”的确切判断标准，我国对“重要”互联网平台服务的理解尚无具体的认定标准，仍应当以后续立法部门、监管部门等职能部门的准确认定为准。

（2）“用户数量巨大”

对于如何界定“用户数量巨大”，在比较法视角下能够提供一定参考：欧盟委员会于2020年12月15日公布《数字市场法（草案）》（Digital Markets Act），其第3条第2款对“守门人”（在数字市场中达到一定规模或具有一定影响的科技企业）采取的界定标准之一为“使用核心平台服务的月活跃终端用户数超过4500万，包含本土用户和暂居于欧盟境内的用户；或者上一财政年度内拥有注册于欧盟境内的商业用户超过10000家”。

而我国人口基数、经济发展水平、互联网平台发展情况等与欧盟均存在明显的差异，用户数量过亿甚至月活用户过亿的平台都不在少数，完全参照上述标准不具备可适用性。如何认定“用户数量巨大”，有待后续相关的立法解释、配套规定的明确和实践的探索。

（3）“业务类型复杂”

以实践中的企业作为参考，特定行业的专营平台显然不属于“业务类型复杂”的范畴，功能众多、应用广泛的分发平台更容易被认定为满足上述要求。就业务复杂性的判断来说，尽管《国务院反垄断委员会关于平台经济领域的反垄断指南》等文件中亦有“平台经济业务类型复杂”的表述，但始终缺乏业务复杂性的具体判断标准，有待相关部门制定配套的实施细则予以完善。

2. “健全体系”，即“按照国家规定建立健全个人信息保护合规制度体系”。

“建立健全个人信息保护合规制度体系”，从理解的角度，即要求个人信息处理者建立健全以本法为主要框架，各类规定、管理办法、配套实施细则等规范性文件以及强制性或推荐性的国家、行业标准为具体内容的完整的个人信息保护合规制度体系。这不仅体现了国家强化个人信息保护的立法倾向，也反映了未来对个人信息处理活动日益严格的监管要求。

随着本法的颁布，我国的个人信息保护体系已初具雏形，但细节方面还有待立法部门、监管部门等职权部门不断加以完善。这要求个人信息处理者及时、准确地学习最新法规、监管政策，并在此基础上强化内部管理，健全个人信息保护体系、提高个人信息保护能力。

3. “外部监督”，即“成立主要由外部成员组成的独立机构对个人信息保护情况进行监督”。

“外部成员组成的独立机构”，有助于加强对重要互联网平台的监督，一定程度上提高其处理个人信息活动的透明度。从理解的角度看，这些外部成员应是属于与公司无劳动关系、无关联关系、无隶属关系等无任何可能影响公平、公正履职情形的人员。对于适合的成员，可能包括长期从事个人信息保护研究的法学专家、技术测评专家、律师等。

对于该等规定，在我国现行公司法相关实践中，可供参照的类似实践为公司的独立董事、外部董事等。在企业相关实践中，腾讯于2018年12月27日邀请知名行业专家、学者担任隐私观察员，一定程度上算是对本条规定的“先行先试”和有益探索。①

4. “制定平台规则”，即“遵循公开、公平、公正的原则，制定平台规则，明确平台内产品或者服务提供者处理个人信息的规范和保护个人信息的义务”。

让平台企业在个人信息保护治理中发挥更大作用，首要任务就是让重要互联网平台服务企业制定出公开、公平、公正的平台规则。具体来说，重要互联网平台服务企业可通过修改平台内产品或者服务提供商“入驻协议”的方式将个人信息保护的具体要求纳入合同规制中，通过规定严重违反相应“行为准则”的不利后果，形成对平台内产品或者服务提供商个人信息处理活动的“软约束”。实践中，一些电商平台对入驻商家在个人信息保护方面提出的内部管理规则，在某种程度上可视为对该模式的良好探索。

当然，关于重要互联网平台服务企业制定平台规则的范围和边界问题，如何防止平台滥用自身的优势地位给内部产品和服务提供商苛加不必要之义务，以及制定的平台规则是否需要备案或审批等具体问题，都还有待相关立法部门、监管部门等职权部门进一步明确。

---

① 参见《腾讯首次发布〈隐私保护白皮书〉全面解读微信、QQ隐私保护实践》，https://cloud.tencent.com/developer/news/378517，最后访问时间2021年8月25日。

5. “平台治理”，即“对严重违反法律、行政法规处理个人信息的平台内的产品或者服务提供者，停止提供服务”。

平台对平台内的产品或者服务提供商负有监督、管理的责任和义务，几乎已经成为实践中的普遍共识，在个人信息保护领域，这一“平台治理”的规则依然奏效。由于相关部门无法对我国海量的个人信息处理者进行垂直监管，且平台企业在行业发展中的引领作用显著，将个人信息保护职责前移，由重要互联网平台服务企业承担更多个人信息保护义务和部分监管职责成为一种新的趋势。本条第一款第三项的规定，可以理解为这一立法倾向的典型代表和集中体现。

实际上，欧盟委员会于2020年12月出台的《数字服务法（草案）》（Digital Services Act）中界定了“守门人”企业，主要是指对欧盟市场有重大影响、运营核心平台服务、在业务中享有稳固和持久地位的核心平台服务提供商；张新宝教授在对本法草案提供立法建议时，也引入了“守门人”的概念，亦可作为理解本条项下“特定个人信息保护义务”的参考。其将“守门人”界定为“控制关键环节，有资源赋予其他个人信息处理者处理个人信息能力的互联网运营者”，主要包括应用程序的分发平台、移动终端操作系统、搭载小程序的大型App平台。

上述观点和思路，在我国法律法规的部分条款之中已经有所体现，例如工信部于2021年5月26日发布的《移动互联网应用程序个人信息保护规定（征求意见稿）》① 第九条对App分

① 参见“公开征求对《移动互联网应用程序个人信息保护管理暂行规定（征求意见稿）》的意见”，载http://www.gov.cn/xinwen/2021-04/26/content_5602780.htm，最后访问日期2021年9月13日。

发平台、第十条对移动智能终端生产企业提出了个人信息保护义务的具体要求。

6. “社会责任报告”，即“定期发布个人信息保护社会责任报告”。

企业社会责任报告作为企业接受社会监督的一种表现形式，在实践中已屡见不鲜，其内容一般包含企业为科技创新、社会发展、公益事业、节能减排等作出的努力和贡献。但“个人信息保护社会责任报告”则是本法首次明确提出的概念和要求。与之相类似的企业探索为部分企业发布的《隐私保护白皮书》，如腾讯发布过《隐私保护白皮书》。

对于“个人信息保护社会责任报告”的内容，从理解的角度，可能包括本公司个人信息保护战略、个人信息保护合规体系、个人信息保护相关制度情况，个人信息保护安全措施、防范和处理个人信息安全威胁或安全事件情况，参与个人信息保护相关立法、国家标准等文件制定、修改情况，举办个人信息保护相关论坛、讲座、研讨会等的情况，赞助、支持个人信息保护相关研究活动和技术攻关等活动情况，对用户个人信息保护的教育、用户个人信息权益主张的响应情况等。准确的报告内容要求，还需要后续相关的立法解释、配套规定的明确和实践的探索。

## 实务要点

由于本法强化了重要互联网平台服务企业的特定个人信息保护义务，赋予其“平台治理”的职责，故该类平台企业更容易构成对本法第六十六条项下“处理个人信息未履行本法规定的个人信息保护义务”之违反，从而使企业的董监高和个人信息保护负责人承担“在一定期限内不得任职”之法律责任。该类“任职限制”处罚的主体范围较广、处罚力度也较大，可能严重影响重大平台企业的日常经营管理。

鉴于此，对于本条规定的重要互联网平台企业而言，必须严格遵守本条项下特定的个人信息保护义务，具体来说，既要通过健全内部合规制度体系并完善外部监督机制以保证自身各项业务涉及的个人信息处理活动符合法律、行政法规的相关规定，增强重大平台的个人信息处理合规水平；同时，还要通过制定平台治理规则，对平台内部产品和服务提供商的个人信息处理活动及行为进行必要的监督管理，发挥平台的技术和能力优势，为个人信息保护竖立起一道闸门和关卡。

就后者而言，平台企业在制定并实施公开、公平、公正的平台规则的基础上，对于不符合本法及其他法律、法规以及平台规则规定的个人信息保护标准的个人信息处理者，应在必要时及时、迅速、明确提供警示和整改意见，同时协助监管部门对违法违规的个人信息处理活动的调查及处置。



**第五十九条　【受托人的个人信息安全保护义务】**

接受委托处理个人信息的受托人，应当依照本法和有关法律、行政法规的规定，采取必要措施保障所处理的个人信息的安全，并协助个人信息处理者履行本法规定的义务。

## 重点解读

本条明确了受托人的个人信息安全保护义务。

本条规定和《个人信息安全规范》第9.1条“委托处理”中对受托者的规定在精神上有相似之处。尽管受托人并非本法规定的个人信息处理者，无法控制以何种目的、何种方式处理个人信息，但考虑到受托人在受托处理个人信息的过程中实际接触了相关个人信息，其仍应当履行本法项下的个人信息安全保护义务，采取必要措施保障个人信息安全，防止个人信息被不当处理、泄露或发生其他个人信息安全事件。

考虑到在委托处理场景下，委托人履行某些个人信息处理者义务可能需要受托人配合，如当委托处理过程中发生及处置安全事件，响应个人信息处理者权利请求等，本条明确受托人的协助义务，有利于更好地实现委托处理场景下个人信息权益的保护。

## 实务要点

本条规定的协助义务在个人信息委托处理的场景下具体包括哪些内容，是受托人需要厘清的问题。

参照《个人信息安全规范》第9.1条之规定，此类协助义务具体可以表现为：协助个人信息处理者开展个人信息保护影响评估、协助个人信息处理者进行个人信息安全事件处置、协助个人信息处理者响应个人信息主体行权请求、协助个人信息处理者进行合规审计以及其他委托协议中所约定的配合协助事项等。

# 第六章　履行个人信息保护职责的部门

**第六十条　【履行个人信息保护职责的行政监管部门】**

国家网信部门负责统筹协调个人信息保护工作和相关监督管理工作。国务院有关部门依照本法和有关法律、行政法规的规定，在各自职责范围内负责个人信息保护和监督管理工作。

县级以上地方人民政府有关部门的个人信息保护和监督管理职责，按照国家有关规定确定。

前两款规定的部门统称为履行个人信息保护职责的部门。



## 重点解读

本条明确了履行个人信息保护的具体行政监管部门。

在中央政府层面，本条明确了国家网信部门负责统筹协调个人信息保护工作和相关监督管理工作。国家网信部门在个人信息保护和相关监督管理方面已经积累了相当丰富的实践经验，通过本条进一步明确其职能有助于建立集中统一高效的个人信息保护监管体系。同时，国务院各有关部门，包括工业和信息化部、公安部、市场监督管理总局等主管部门以及中国人民银行等行业主管部门在各自职权范围内负责个人信息保护和监管工作，亦兼顾了各部门和各行业的差异性。

在地方政府层面，本条明确了由县级以上地方人民政府有关部门履行个人信息保护和监督管理职责。考虑到个人信息保护工作责任繁杂，事务众多，而地方人民政府在前期个人信息保护监管中已经积累了相对丰富的经验，明确地方人民政府监管职责，引导地方人民政府更多参与到个人信息保护监管中来，能够更好地促进个人信息保护工作的协同开展。

## 实务要点

本条明确了国家网信部门在个人信息保护方面的地位和作用，有利于改变个人信息保护领域“九龙治水”的局面。国家网信部门对个人信息保护进行总体统筹和协调，国务院其他有关部门在各自职责范围内对个人信息保护进行具体工作的落实，县级以上地方人民政府也按照前述模式进行管理。对于各类市场主体而言，考虑到将面临中央、地方多重监管部门的多重监管，意味着面对个人信息处理相关事宜时，应当更加审慎，履行应尽的个人信息保护义务，充分保障信息主体的个人信息权益。

## 关联法条

《网络安全法》第八条；《电子商务法》第七十九条；《消费者权益保护法》第五十六条；《公安机关互联网安全监督检查规定》第二十二条。

**第六十一条　【履行个人信息保护职责的部门的工作内容和职责】**

履行个人信息保护职责的部门履行下列个人信息保护职责：

（一）开展个人信息保护宣传教育，指导、监督个人信息处理者开展个人信息保护工作；

（二）接受、处理与个人信息保护有关的投诉、举报；

（三）组织对应用程序等个人信息保护情况进行测评，并公布测评结果；

（四）调查、处理违法个人信息处理活动；

（五）法律、行政法规规定的其他职责。

## 重点解读

本条明确了履行个人信息保护职责的部门的工作内容和职责。

本条明确了履行个人信息保护职责的部门的职责包括开展宣传教育，指导监督个人信息保护工作，接受处理个人信息相关投诉举报，组织应用程序关于个人信息保护的测评并公布结果，调查处理违法个人信息处理活动等。

其中，组织对应用程序等个人信息保护情况进行测评并公布测评结果，是《个人信息保护法》正式稿新增的内容。实践中，工业和信息化部、国家网信办、公安部和市场监督管理总局协同开展的App专项治理活动中，测评应用程序并公示问题应用程序已经颇为常见，于法律层面将其明确为履行个人信息保护职责的部门的职责，意味着应用程序治理将会是一项长期工作，相关企业应当对此充分重视。

## 实务要点

本条细化了相关责任部门的职责范围，明确了相关责任部门在履行个人信息保护职责过程中应当采取的行为，为相关责任部门履职作出了具体的指示，也避免由于职责不清或者职责重合，对个人信息保护的监管带来不良影响，有利于后续个人信息保护工作的有序开展。

**第六十二条　【国家网信部门的统筹协调职责】**

国家网信部门统筹协调有关部门依据本法推进下列个人信息保护工作：

（一）制定个人信息保护具体规则、标准；

（二）针对小型个人信息处理者、处理敏感个人信息以及人脸识别、人工智能等新技术、新应用，制定专门的个人信息保护规则、标准；

（三）支持研究开发和推广应用安全、方便的电子身份认证技术，推进网络身份认证公共服务建设；

（四）推进个人信息保护社会化服务体系建设，支持有关机构开展个人信息保护评估、认证服务；

（五）完善个人信息保护投诉、举报工作机制。

## 重点解读

本条明确了国家网信部门作为中央层面履行个人信息保护职责部门的特殊职责。

除履行本法第六十一条规定的基本职责外，国家网信部门还应统筹协调有关部门组织制定一般性和专门性个人信息保护的相关规则和标准、推进个人信息保护社会化服务体系建设，承担支持有关机构开展相关评估、认证服务的责任，并完善投诉和举报工作机制。

## 实务要点

1. 由国家网信部门和国务院其他有关部门制定个人信息保护相关规则和标准，有利于其发挥统筹协调功能，建立全国统一的个人信息保护监管要求，更好推进个人信息保护社会化服务体系建设。

2. 针对几类特殊情形，如小型个人信息处理者、处理敏感个人信息以及人脸识别、人工智能等新技术、新应用，国家网信部门需要统筹协调制定专门的个人信息保护规则、标准。实务中对前述特殊情形的具体类别，有几种不同的解读：

解读一：特殊情形包括两类，（1）小型个人信息处理者；（2）处理敏感个人信息以及人脸识别、人工智能等新技术、新应用。

解读二：特殊情形包括三类，（1）小型个人信息处理者；（2）处理敏感个人信息（含人脸识别）；（3）人工智能等新技术、新应用。

解读三：特殊情形包括三类，（1）小型个人信息处理者；（2）处理敏感个人信息；（3）人脸识别、人工智能等新技术、新应用。

关于解读一和解读二，处理敏感个人信息可以理解，但处理人脸识别的话语不通顺，不符合文义。因此，我们倾向于解读三，“以及”是为了断开敏感个人信息和人脸识别的。人脸识别和人工智能技术并列作为新技术和新应用，而不是和敏感信息并列作为被处理对象。

前述条款中的顿号应是两个级别的，如将原先的一级顿号变成逗号，更加方便理解，比如：“（二）针对小型个人信息处理者，处理敏感个人信息，人脸识别、人工智能等新技术、新应用，制定专门的个人信息保护规则、标准”。

3. 本法对大型和小型个人信息处理者的监管规则和要求进行了区分，但目前有关部门尚未划分大型和小型个人信息处理者标准，尚需进一步完善。



**第六十三条　【履行个人信息保护职责可采取的措施】**

履行个人信息保护职责的部门履行个人信息保护职责，可以采取下列措施：

（一）询问有关当事人，调查与个人信息处理活动有关的情况；

（二）查阅、复制当事人与个人信息处理活动有关的合同、记录、账簿以及其他有关资料；

（三）实施现场检查，对涉嫌违法的个人信息处理活动进行调查；

（四）检查与个人信息处理活动有关的设备、物品；对有证据证明是用于违法个人信息处理活动的设备、物品，向本部门主要负责人书面报告并经批准，可以查封或者扣押。

履行个人信息保护职责的部门依法履行职责，当事人应当予以协助、配合，不得拒绝、阻挠。

## 重点解读

本条明确了履行个人信息保护职责的部门履行个人信息保护职责可采取的措施。

本条明确了相关主管部门为履行职责可以采取的措施，一方面为相关主管部门实施的履职行为提供法律依据，使其在履职时有法可依；另一方面也有助于其履职过程中的行政相对人了解相关部门的职责范围，实现对相关部门履职行为的监督。



**第六十四条　【约谈与合规审计】**

履行个人信息保护职责的部门在履行职责中，发现个人信息处理活动存在较大风险或者发生个人信息安全事件的，可以按照规定的权限和程序对该个人信息处理者的法定代表人或者主要负责人进行约谈，或者要求个人信息处理者委托专业机构对其个人信息处理活动进行合规审计。个人信息处理者应当按照要求采取措施，进行整改，消除隐患。

履行个人信息保护职责的部门在履行职责中，发现违法处理个人信息涉嫌犯罪的，应当及时移送公安机关依法处理。

## 重点解读

本条划定了履行个人信息保护职责的部门的具体执法权限。

如相关主管部门在发现个人信息处理活动存在较大风险或者发生个人信息安全事件时，可以采取约谈、合规审计等措施；如发现违法处理个人信息涉嫌犯罪的，应当采取及时移送公安机关的措施。本条专门规定了相关主管部门对较大风险、个人信息安全事件及涉及个人信息犯罪时可以及应当采取的措施，强化监管部门的监管职责。

## 实务要点

实践中，在发现个人信息处理活动存在较大风险或发生个人信息安全事件的情形下，对涉事个人信息处理者进行约谈已经较为常见。但过往该等约谈的主要依据为《网络安全法》第五十六条，而该条文仅适用于通过网络开展的个人信息处理活动，无法触及线下个人信息处理活动所造成的风险或个人信息安全事件。本法将约谈制度法定化，为针对个人信息处理活动的约谈提供了相应的法律依据。

## 案例解析

### ＊案情介绍

有网民反映，某旅游平台微信小程序中提供的某项会员服务存在默认开通会员协议等用户个人信息保护相关问题，工信部信息通信管理局组织了核查，并于2018年12月约谈了该旅游平台。

工信部表示，该旅游平台微信小程序存在未公示用户个人信息收集使用规则、默认开通会员协议、未履行部分服务承诺的问题，该旅游平台应当本着充分保障用户知情权和选择权的原则立即进行整改，切实维护用户合法权益。

对此，该旅游平台表示，将按照监管部门要求，全面排查存在的问题，立即进行整改，并举一反三，完善内部管理和产品设计，提升服务水平和能力，保障用户合法权益。今后，公司将继续严格遵守相关法律法规和工信部有关规定，进一步规范用户个人信息收集、使用和服务行为。

### ＊法律解析

本案系因个人信息保护问题被约谈的典型案例。在《个人信息保护法》正式施行且明确了约谈作为监管措施的情形下，企业因个人信息相关问题被约谈可能将进一步常态化。一旦被约谈事宜曝光，可能对企业造成商誉损失、股价受挫等多方面影响。因此，企业应对个人信息保护问题必须予以重视，合规处理个人信息，并及时应对针对个人信息保护问题的投诉、举报，以降低因个人信息相关问题被约谈或采取其他监管措施的风险。

## 关联法条

《网络安全法》第五十六条。

**第六十五条　【投诉、举报】**

任何组织、个人有权对违法个人信息处理活动向履行个人信息保护职责的部门进行投诉、举报。收到投诉、举报的部门应当依法及时处理，并将处理结果告知投诉、举报人。

履行个人信息保护职责的部门应当公布接受投诉、举报的联系方式。

## 重点解读

本条规定了个人信息保护相关的投诉、举报制度。

从举报主体看，任何组织和个人都可以进行举报，意味着用户、非用户、竞争对手、第三方测评机构、自媒体等都可以作为举报主体，有助于推动形成本法第十一条所称的“共同参与个人信息保护的良好环境”。

从受理部门来看，无论中央还是地方，只要是履行个人信息保护职责的部门都可以受理举报。

从举报处理来看，收到投诉、举报的部门应当依法及时处理并将处理结果告知投诉、举报人。若相应部门未能及时处理或未能将处理结果进行告知，可能需要承担相应的责任。

同时，本条亦强调履行个人信息保护职责的部门应履行行政公开义务，公开接受投诉、举报的联系方式。

## 实务要点

考虑到举报、投诉的主体和受理部门的多样化，对于企业而言，有必要建立内部的举报、投诉应对机制，通过流程化的方式应对投诉和举报，响应信息主体的权利诉求。

# 第七章　法律责任

**第六十六条　【个人信息违法行为的法律责任】**

违反本法规定处理个人信息，或者处理个人信息未履行本法规定的个人信息保护义务的，由履行个人信息保护职责的部门责令改正，给予警告，没收违法所得，对违法处理个人信息的应用程序，责令暂停或者终止提供服务；拒不改正的，并处一百万元以下罚款；对直接负责的主管人员和其他直接责任人员处一万元以上十万元以下罚款。

有前款规定的违法行为，情节严重的，由省级以上履行个人信息保护职责的部门责令改正，没收违法所得，并处五千万元以下或者上一年度营业额百分之五以下罚款，并可以责令暂停相关业务或者停业整顿、通报有关主管部门吊销相关业务许可或者吊销营业执照；对直接负责的主管人员和其他直接责任人员处十万元以上一百万元以下罚款，并可以决定禁止其在一定期限内担任相关企业的董事、监事、高级管理人员和个人信息保护负责人。

## 重点解读

《个人信息保护法》在《网络安全法》等的基础上，史无前例地加重了个人信息违法行为的法律责任，规定了责令改正、警告、没收违法所得、责令暂停或终止提供服务等多类行政处罚，旨在通过较为严厉的处罚，大幅提高个人信息违法成本，体现了我国打击违法处理个人信息行为的决心。

1. 首次明确责令违法处理个人信息的应用程序暂停或者终止提供服务的法律依据

《个人信息保护法》明确了“对违法处理个人信息的应用程序，责令暂停或者终止提供服务”这一处罚类型。虽然实践中，已有对应用程序处以暂停服务处罚措施的先例，但本条系在个人信息立法领域首次明确对应用程序处以暂停提供服务或终止提供服务的直接法律依据，进一步加大了个人信息违法行为的处罚力度。根据《个人信息保护法》的规定，只要处理个人信息行为违反《个人信息保护法》的任一规定，履行个人信息保护职责的部门即可对个人信息处理者处以责令改正、警告、没收违法所得，对违法处理个人信息的应用程序，责令暂停或者终止提供服务等行政处罚；拒不改正的，可以对个人信息处理者和直接负责的主管人员和其他直接责任人员处以罚金。

2. 大幅提高罚金上限

《个人信息保护法》的一大亮点即在于借鉴了欧盟《通用数据保护条例》（GDPR）第 83 条的监管思路，将“违反本法规定处理个人信息”或者“处理个人信息未履行本法规定的个人信息保护义务”的法律责任显著地提高至“五千万元以下或者上一年度营业额百分之五”。

尽管《网络安全法》第六十四条亦规定了针对个人信息违法行为的相关行政处罚，但就一般的个人信息侵权行为，其罚款金额上限为一百万元，对于企业而言，违法成本相对较低，惩治力度相对有限，对企业的威慑也比较小。本条在第一款延续了《网络安全法》第六十四条规定的基础上，于第二款大幅提高了罚款上限金额，对于情节严重的个人信息违法行为，规定了五千万元以下或上一年度营业额百分之五以下罚款的罚款上限，并可以责令暂停相关业务或者停业整顿、通报有关主管部门吊销相关业务许可或者吊销营业执照，且可对直接负责的主管人员和其他直接责任人员处十万元以上一百万元以下罚款。值得注意的是，监管部门在处以罚款时，可以自行选择“五千万元以下”或“上一年度营业额百分之五以下”作为罚款的上限，这也给了监管部门选择罚款上限一定的空间。

此外，计算罚金上限金额的基数是企业的上一年度营业额而非利润。违法成本的大幅提高，有利于更有效地警示企业，督促企业切实履行个人信息安全保护义务。

3. 首次明确个人信息行业的禁入制度

同时，《个人信息保护法》正式稿参照证券市场禁入制度，设立了个人信息行业的禁入制度，对直接负责的主管人员和其他直接责任人员可施以禁止其在一定期限内担任相关企业的董事、监事、高级管理人员和个人信息保护负责人的处罚，这也从个人责任的角度极大地震慑了个人信息处理者相关负责人员。

值得注意的是，有别于证券市场禁入制度中“禁入行业”

的程序，本条中省级以上履行个人信息保护职责的部门在违法行为情节严重时禁止相关责任人员担任“相关企业”的董监高和个人信息保护负责人，这里的“相关企业”我们推测应为违法企业和其关联企业。

《个人信息保护法》构建的罚则体系，是我国在国际经验的基础上作出的本土化调整，体现了我国整治个人信息违法行为的决心和力度。

## 实务要点

1. 严格合规的必要性

根据本条第一款的规定，只要是出现处理个人信息的违法行为，或是个人信息处理者未依法履行个人信息保护义务的，执法部门即可处以多种行政处罚，甚至责令应用程序暂停或者终止提供服务。这无疑是在个人信息处理者头上悬了一把随时可能掉落的利剑。违法行为的法律后果之严重，更加体现了针对目前个人信息违法行为的普遍现象，国家整治乱象的决心和手段。

2. “情节严重”情形有待进一步明确

本条第二款规定了“情节严重的”，由省级以上履行个人信息保护职责的部门具体施以行政处罚，但《个人信息保护法》并未详细规定“情节严重”的具体情形，这为后续执法部门明确违法行为和情节留出了空间，也期待进一步细化规定的后续出台或实践的进一步明确。

3. 多个企业违法或集团公司违法的罚金计算

本条明确“并处五千万元以下或者上一年度营业额百分之

五以下罚款”，我们理解，这里接受处罚的实体应为违反本法规定处理个人信息或者处理个人信息未履行本法规定的个人信息保护义务的“个人信息处理者”。而一项个人信息处理活动通常会涉及多个个人信息处理者，这时出现多个企业违法或集团内部多个关联公司违法的情况，那么“上一年度营业额百分之五”是应以单个企业的上一年度营业额计算，还是借鉴经营者集中反垄断申报实践中的营业额计算标准，以多个企业的营业额合并计算，尚有待实践或细则的进一步明确。

## 案例解析

**＊案情介绍**

2020年6月5日，上海市通信管理局作出《关于某公司违法违规收集使用个人信息的行政处罚》，处罚结果：责令改正并处警告。该公司所运营管理的“××旅行”移动互联网App应用违法违规收集使用个人信息；App应用未公开个人信息的收集使用规则，未明示收集使用个人信息的目的、方式和范围，未经用户同意收集使用个人信息。

**＊法律解析**

《网络安全法》第41条第1款规定，“网络运营者收集、使用个人信息，应当遵循合法、正当、必要的原则，公开收集、使用规则，明示收集、使用信息的目的、方式和范围，并经被收集者同意”。第64条第1款规定，“网络运营者、网络产品或者服务的提供者违反本法第二十二条第三款、第四十一条至第四十三条规定，侵害个人信息依法得到保护的权利的，由有关主管部门责令改正，可以根据情节单处或者并处警告、没收违法所得、处违法所得一倍以上十倍以下罚款，没有违法所得的，处一百万元以下罚款，对直接负责的主管人员和其他直接责任人员处一万元以上十万元以下罚款；情节严重的，并可以责令暂停相关业务、停业整顿、关闭网站、吊销相关业务许可证或者吊销营业执照”。

该公司所运营管理的“××旅行”移动互联网App应用未公开个人信息的收集使用规则，未明示收集使用个人信息的目的、方式和范围，未经用户同意收集使用个人信息，违反了《网络安全法》第41条、第64条规定，依法受到了行政处罚。

随着《个人信息保护法》的出台生效，可以预见后续执法部门将依据《个人信息保护法》开出一系列的处罚决定，以整治个人信息违法行为的乱象。

## 关联法条

《网络安全法》第六十四条。

**第六十七条　【信用惩戒制度】**

有本法规定的违法行为的，依照有关法律、行政法规的规定记入信用档案，并予以公示。



## 重点解读

本条明确了对个人信息违法行为人的信用惩戒制度，建立起了“个人信息违法行为的信用档案制度”。

类似条文可见《网络安全法》第七十一条、《电子商务法》

第八十六条及《儿童个人信息网络保护规定》第二十七条。对于企业而言，这意味着一旦发生个人信息违法行为，企业不仅将面临相应的索赔，还将面临对其商业信誉的不利影响及潜在的舆情压力，这将加大违法者的违法成本。这无形中也提高了个人信息违法成本，有利于在社会层面起到普遍的警示作用。

## 实务要点

早在 2002 年 3 月第九届全国人民代表大会第五次会议召开之时，《政府工作报告》中提出“加快建立企业、中介机构和个人的信用档案，使有不良记录者付出代价，名誉扫地，直至绳之以法”的重要指示。2002 年 11 月，党的十六大提出：整顿和规范市场经济秩序，健全现代市场经济的社会信用体系。2007 年 3 月 23 日，国务院办公厅发布了《关于社会信用体系建设的若干意见》（现已失效）。2014 年 6 月 14 日，国务院印发《社会信用体系建设规划纲要（2014—2020 年）》，设立了“2020 年，覆盖全社会的征信系统基本建成，守信激励和失信惩戒机制全面发挥作用”的目标。

随着我国信用体系的不断完善，不论对个人还是企业，信用档案都将作为其生活、开展经营活动的一项重要参考。对个人信息违法行为人的信用惩戒制度的建立，势必将进一步完善我国的信用体系。

## 关联法条

《网络安全法》第七十一条；《电子商务法》第八十六条；《儿童个人信息网络保护规定》第二十七条。

**第六十八条　【国家机关不履行个人信息保护义务的法律责任】**

国家机关不履行本法规定的个人信息保护义务的，由其上级机关或者履行个人信息保护职责的部门责令改正；对直接负责的主管人员和其他直接责任人员依法给予处分。

履行个人信息保护职责的部门的工作人员玩忽职守、滥用职权、徇私舞弊，尚不构成犯罪的，依法给予处分。

## 重点解读

本条规定了国家机关不履行个人信息保护义务的法律责任。

尽管《个人信息保护法》第二章第三节对国家机关处理个人信息时应履行的义务作出了特别规定，但本条并未将所指的个人信息保护义务限定于第三节中的相关条文。从文义理解，若国家机关作为个人信息处理者违反了本法第二章第三节和该节之外的其他条文规定的个人信息保护义务，均需要承担本条规定的法律责任。

从法律责任的角度，上级主管部门或相关履职部门不仅有权要求履职部门责令其改正，还将处罚责任落实到人，对直接负责的主管人员和其他直接责任人员给予处分，以通过加大处罚力度、处罚范围反向促进履职部门更好地履行自身监管职能。这与《网络安全法》第七十二条的规定有一定程度的相似。

《个人信息保护法》正式稿增加了“履行个人信息保护职责的部门的工作人员玩忽职守、滥用职权、徇私舞弊，尚不构成犯罪的，依法给予处分”，进一步明确了在不构成犯罪的情况下，履行个人信息保护职责的部门的工作人员仍要面临机关内部的处分或由监察机关依法给予的政务处分。

## 实务要点

根据《公务员法》第六十一条、第六十二条的规定，公务员因违纪违法应当承担纪律责任的，依照本法给予处分或者由监察机关依法给予政务处分；违纪违法行为情节轻微，经批评教育后改正的，可以免予处分。对同一违纪违法行为，监察机关已经作出政务处分决定的，公务员所在机关不再给予处分。处分分为：警告、记过、记大过、降级、撤职、开除。

2020 年 7 月 1 日生效的《公职人员政务处分法》进一步明确了监察机关对违法的公职人员给予政务处分的活动的依据，对公职人员任免机关、单位对违法的公职人员给予处分，处分的程序、申诉等进行了具体规定。

据此，若国家机关不履行个人信息保护义务，或工作人员玩忽职守、滥用职权、徇私舞弊，但尚不构成犯罪的，直接负责的主管人员、其他直接责任人员、工作人员将面临警告、记过、记大过、降级、撤职，期限自六个月至二十四个月不等，更加严重的甚至将面临开除的处分。

## 关联法条

《公务员法》第六十一条、第六十二条；《网络安全法》第七十二条。

**第六十九条　【个人信息侵权行为的民事责任】**

处理个人信息侵害个人信息权益造成损害，个人信息处理者不能证明自己没有过错的，应当承担损害赔偿等侵权责任。

前款规定的损害赔偿责任按照个人因此受到的损失或者个人信息处理者因此获得的利益确定；个人因此受到的损失和个人信息处理者因此获得的利益难以确定的，根据实际情况确定赔偿数额。

## 重点解读

本条规定了个人信息侵权行为的民事责任。

就侵权损害赔偿的计算方式而言，本条与《民法典》第一千一百八十二条规定的侵害人身权益情形下的侵权损害赔偿计算方式基本一致，但删去了“被侵权人和侵权人就赔偿数额协商不一致，向人民法院提起诉讼的”的表述。

就归责原则来看，在《个人信息保护法（草案）》出台前，由于《侵权责任法》并未对个人信息侵权行为的归责原则进行特殊规定，实践中个人信息侵权案件只能依一般侵权适用过错责任，处于弱势一方的用户通常不掌握证明对方存在过错的证据，导致个人在诉讼中承担了过高的举证责任。虽然在部分案件中法院对举证责任进行了一定的调整和突破，但此类突破尚缺乏充分的上位法依据。

《个人信息保护法》正式稿最终明确了适用过错推定责任，大大减轻了个人信息主体的举证责任，有助于解决在既往司法实践中，适用过错责任和“谁主张，谁举证”原则导致的个人信息主体维权成本高且举证难的问题，体现了个人信息侵权的举证责任已经过渡到过错推定责任。在过错推定责任中，举证责任倒置，个人无须就个人信息处理者的过错负有举证责任，而由个人信息处理者证明自己没有过错才可免责。

## 实务要点

根据《个人信息保护法》第六十八条的规定，过错推定原则虽然有利于个人信息主体进行维权，但也同时加重了个人信息处理者的赔偿责任，一旦不能证明自己没有过错，就要承担赔偿责任。

对于作为个人信息处理者的企业而言，为防止被推定存在过错而承担赔偿责任，企业应当在日常经营活动中对个人信息处理的过程进行“留痕”处理，做好必要的记录工作，以便不时之需。可以参考《个人信息保护法》第五十一条，落实以下内控动作：

（1）提前制定内部管理制度和操作规程，严格遵守相关制度和规程；

（2）对个人信息实行分类管理；

（3）采取相应的加密、去标识化等安全技术措施；

（4）合理确定个人信息处理的操作权限，并定期对从业人员进行安全教育和培训；

（5）制定并组织实施个人信息安全事件应急预案。

## 案例解析

**＊案情介绍**

原告庞某于2014年10月11日，委托第三人通过Q公司运营的Q平台订购了某航司机票1张，所选机票代理商为长沙某票务代理A公司。2014年10月13日，庞某的尾号××49手机号收到来源不明号码发来短信称由于机械故障，其所预订航班已经取消。该号码来源不明，且未向其和第三人发送类似短信。第三人拨打某航司客服电话进行核实，客服人员确认该次航班正常，并提示其收到的短信应属诈骗短信。2014年10月14日，某航司客服电话向庞某手机号码发送通知短信，告知该航班时刻调整。当天19时43分，第三人再次拨打某航司客服电话确认航班时刻，被告知该航班已取消。庭审中，第三人证明其代庞某购买本案机票并沟通后续事宜，认可购买本案机票时未留存庞某手机号。某航司称庞某可能为某航司常客，故某航司掌握庞某此前留存的号码。庞某诉至法院，主张Q公司和某航司泄露的隐私信息包括其姓名、尾号××49手机号及行程安排(包括起落时间、地点、航班信息)，要求Q公司和某航司承担连带责任。

**＊法律解析**

一审法院于2016年1月20日作出民事判决：驳回庞某的全部诉讼请求。一审法院认为，庞某委托第三人通过Q网站购买机票时未留存庞某本人尾号××49手机号，本案机票的代理商A公司未获得庞某手机号，A公司向某航司购买机票时亦未留存庞某号码，故法院无法确认Q公司及某航司在本案机票购买过程中接触到庞某手机号。即便庞某此前收到过Q公司或某航司发送的通知短信，但现无证据显示Q公司和某航司将庞某过往信息与本案机票信息关联，且Q公司未向庞某号码发送过本案机票信息，某航司在第三人致电客服确认庞某手机号前亦未向庞某号码发送过本案机票信息，故法院无法确认Q公司和某航司将庞某过往留存的手机号与本案机票信息匹配，更无法推论Q公司和某航司存在泄露上述信息的行为，因此无法确认被告存在泄露其隐私信息的侵权行为，驳回了庞某的全部诉讼请求。

二审法院于2017年2月27日作出了二审判决。二审法院归纳本案主要的2个争议焦点为：1）根据现有证据能否认定涉案隐私信息是由某航司和Q公司泄露；2）在某航司和Q公司有泄露庞某隐私信息的高度可能之下，其是否应当承担责任。二审法院认为：1. 在第一个争议焦点中：首先，确认了掌握案涉信息的主体：从机票销售的整个环节看，庞某自己、第三人、Q公司、某航司、中航信都是掌握庞某姓名、手机号及涉案行程信息的主体。其次排除了庞某、第三人故意泄露信息的可能：二审法院确信庞某、第三人在参加购买机票的民事活动及本案民事诉讼活动时具备诚实、善意的通常状态，不属于自己故意泄露个人信息而进行虚假诉讼。最后，二审法院认为某航司、Q公司存在泄露庞某隐私信息的高度可能：一是Q公司和某航空公司都掌握着庞某的姓名、身份证号、手机号、行程信息；二是其他人整体上全部获取庞某的姓名、身份证号、手机号、行程信息的可能性非常低；三是2014年间，Q公司和某航空公司都被媒体多次质疑存在泄露乘客隐私的情况；四是其并未提供充分的反证证据。2. 在第二个争议焦点中：二审法院适用一般侵权责任纠纷，归责原则为过错责任，而本案泄露事件的发生，正是Q公司、某航空公司疏于防范导致的结果，因而可以认定两者具有过错，理应承担侵权责任。

该案涉及个人信息保护纠纷的2个核心问题：一是如何证明事实存在，二是如何分配举证责任。案件审理时，由于缺乏针对此类侵权责任归责原则的具体规定，因此法院运用了类推适用方法。

从一审法院在本案中的说理可以看出其基本思路是严格按照一般侵权的构成要件，要求原告承担证明被告存在泄露其隐私信息的侵权行为。这也意味着原告不仅需要证明两被告Q公司和航空公司对外泄露的旅客行程信息能够与其姓名、手机号码等具有高度身份识别性的信息相吻合，还需证明该信息为两被告泄露或证明两被告为个人信息唯一介体以推定泄露行为，否则不能认定两被告的行为侵犯了原告隐私权的合法权益。

二审法院则重新分配了要件事实的举证责任，在明确"从收集证据的资金、技术等成本上看，作为普通人的庞某根本不具备对Q公司、某航空公司内部数据信息管理是否存在漏洞等情况进行举证证明的能力。因此，客观上，法律不能也不应要求庞某确凿地证明必定是Q公司或某航空公司泄露了其隐私信息"。即运用高度盖然性标准判断两被告泄露原告个人信息的可能性较大，减轻一审中原告证明其个人信息被两被告泄露的举证责任，加重了被告证明其没有泄露行为的举证责任。

该案件的二审法院的观点转变是从实际举证的可能性出发，认可用户与App运营技术力量和信息掌握程度的不对等的客观情况，由此导致个人作为信息真正权利方举证路径严重受阻，合理调整了双方的举证责任，也为《个人信息保护法》法律责任的制定奠定了一定的司法实践基础。

## 关联法条

《民法典》第一千一百八十二条、第一千一百九十九条、第一千二百三十八条、第一千二百三十九条。

**第七十条　【个人信息公益诉讼制度】**

个人信息处理者违反本法规定处理个人信息，侵害众多个人的权益的，人民检察院、法律规定的消费者组织和由国家网信部门确定的组织可以依法向人民法院提起诉讼。

## 重点解读

本条规定了个人信息公益诉讼制度。

1. 公益诉讼的适用情形

公益诉讼制度见于《民事诉讼法》第五十五条，其规定，“对污染环境、侵害众多消费者合法权益等损害社会公共利益的行为，法律规定的机关和有关组织可以向人民法院提起诉讼”。

2. 侵害个人信息权益之公益诉讼的违法行为

对于违反本法规定处理个人信息，侵害众多个人的个人信息权益的行为，可以提起公益诉讼。该等行为属于《民事诉讼法》规定的“损害社会公共利益的行为”，属于可以提起个人信息公益诉讼的情形。

3. 侵害个人信息权益之公益诉讼的提起主体

《个人信息保护法》规定人民检察院、法律规定的消费者组织和由国家网信部门确定的组织可以作为公益诉讼的提起主体。实践中，人民检察院提起个人信息公益诉讼已较为普遍，但该等个人信息公益诉讼多系基于《最高人民法院、最高人民检察院关于检察公益诉讼案件适用法律若干问题的解释》提起的刑事附带民事公益诉讼。《个人信息保护法》落地后，以法律的形式对个人信息公益诉讼的形式予以确认，或将扩大个人信息公益诉讼的适用范围，更好地保护公民的个人信息权益。根据《消费者权益保护法》的规定，消费者组织是指“消费者协会和其他消费者组织依法成立的对商品和服务进行社会监督的保护消费者合法权益的社会组织”。除了消费者协会，未来是否会成立专门针对个人信息权益保护的社会组织，以及“国家网信部门确定的组织”具体是何部门，有待进一步明确。

## 实务要点

涉个人信息刑事附带民事公益诉讼从2018年开始出现。2018年3月2日，最高人民法院、最高人民检察院联合发布《关于检察公益诉讼案件适用法律若干问题的解释》，明确了检察机关“公益诉讼起诉人”的身份，同时增加了刑事附带民事公益诉讼类型。自此，检察机关提起刑事附带民事公益诉讼有了明确的法律依据。刑事附带民事公益诉讼聚焦于造成特定多数主体权利受侵害的刑事案件，涉个人信息相关案件是刑事附带民事公益诉讼适用的一个重要场景。

例如，2019 年 12 月 25 日，徐汇法院宣判该院首起个人信息保护领域刑事附带民事公益诉讼案。男子徐某因仿冒上海知名官方招考网站等行为套取公民个人信息，最终获刑三年，并处罚金三十万元。同时，法院判令徐某在判决生效后三十日内，就侵犯公民个人信息的行为，在省级媒体上向社会公众赔礼道歉。该案中，检察机关指出，公民个人信息安全问题已不再停留在个人层面，针对个人信息的违法犯罪活动导致公民的人身、财产、隐私以及正常的工作活动都受到严重威胁，已经上升到整体网络信息安全的重大层面，应当是带有公共利益性质的抽象法益。

实践中，对于个人信息保护领域的刑事附带民事诉讼，包括上海、江苏、安徽等多地检察机关均进行了有益尝试。2021 年 4 月 22 日，最高人民检察院发布检察机关个人信息保护公益诉讼典型案例，包括浙江省杭州市余杭区检察院诉某网络科技有限公司侵害公民个人信息民事公益诉讼案等十一件。其中，典型案例九至十一，即上海市宝山区人民检察院诉 H 科技有限公司、韩某某等人侵犯公民个人信息刑事附带民事公益诉讼案，贵州省安顺市西秀区人民检察院诉熊某某等人侵犯公民个人信息刑事附带民事公益诉讼案，广东省广宁县人民检察院诉谭某某等人侵犯公民个人信息刑事附带民事公益诉讼案，均为个人信息保护领域的刑事附带民事诉讼。

在《个人信息保护法》出台后，势必将迎来个人信息权益公益诉讼的开启。

## 案例解析

### ＊案情介绍

H科技有限公司（以下简称H公司）主要从事网络游戏及相关产品研发和技术咨询，韩某某任经理。2019年2月，该公司设立“××网”，为数据信息交易提供平台，并雇用杨某某、黄某某、管某某参与运营。其间，韩某某明知用户上传数据中有大量个人信息，仍为非法交易个人信息提供平台。网站涉及确切有用的个人信息共37万余条，交易数量达3万余条。软件工程师管某某明知网站有买卖个人信息行为，仍帮助推送关键字搜索。2019年2月，陈某某注册“××网”会员，并上传其在“某公司旗舰店”就职时获取的买家姓名、手机号、收货地址等数据信息5757条，欲贩卖牟利。

2019年9月，上海市人民检察院从办案系统和媒体报道中获知上海公安机关破获一起特大贩卖个人信息案，经研判后将该案线索交由宝山区人民检察院（以下简称宝山区检察院）办理。宝山区检察院立案后，邀请专家辅助办案，对案件中涉及的QQ聊天记录、30余万条公民个人信息、银行卡交易明细、交易台账等文件逐一梳理、交叉比对，查清非法获利数额，确定赔偿数额。宝山区检察院经审查认为，H公司虽没有被追究刑事责任，但应承担民事侵权责任。

2019年11月25日，宝山区检察院对韩某某等人以侵犯公民个人信息罪向宝山区人民法院提起公诉。同时，对H公司、韩某某等人侵害社会公共利益的行为提起刑事附带民事公益诉讼。针对本案中网站服务器、QQ中保存的公民个人信息仍存在被传播、买卖的危险，宝山区检察院积极探索侵权责任承担方式，除了要求被告在国家级新闻媒体上向社会公开赔礼道歉、赔偿损失之外，还向法院提出要求关闭网站、注销侵权使用的QQ号码并永久删除保存在QQ内的公民个人信息数据的诉讼请求。

宝山区人民法院于2020年3月27日作出一审判决，在附带民事公益诉讼部分，判决被告H公司、韩某某、杨某某、管某某连带赔偿损失人民币3900元，被告黄某某在上述赔偿款3600元范围内承担连带赔偿责任；H公司关闭“××网”网站；H公司、韩某某、杨某某、黄某某、陈某某注销买卖公民个人信息所用QQ号码，并永久删除保存在QQ内的公民个人信息数据；H公司、韩某某、杨某某、黄某某、管某某、陈某某在国家级媒体上向社会公众赔礼道歉。一审判决后，刑事案件被告人提起上诉，二审判决维持原判。

**＊法律解析**

本案中被告单位H公司及其工作人员被告人韩某某、杨某某、黄某某、管某某，作为网络运营单位及从业人员，未经消费者同意，擅自将众多消费者个人信息储存在网站服务器，备份至公司电脑，并利用韩某某任职期间所设立的“××网”为他人从事消费者个人信息交易提供平台；被告人陈某某将获取的消费者个人信息上传至“××网”欲贩卖牟利。附带民事公益诉讼被告单位及被告人的上述行为侵害了众多消费者的合法权益，损害了社会公共利益，依法应当承担民事侵权责任。

为促进源头治理，宝山区检察院将案件中“某公司旗舰店”涉嫌违法的线索移送有管辖权的广东省广州市白云区人民检察院（以下简称白云区院），并就调查取证等工作开展跨省协作。白云区院审查线索后以行政公益诉讼立案，并与负有监督管理职责的行政机关进行磋商。行政机关认定“某公司旗舰店”的经营公司在执行网络安全信息制度的防范措施上存在明显漏洞，遂对该公司立案调查，并针对咨询、房地产中介、汽车销售、保险等重点行业发出预警信息公告，开展系统治理。

对刑事附带民事公益诉讼被告的确定不能囿于刑事被告人范围，应结合个案情况具体明确侵权人。通过追究网络运营者的民事侵权责任，警示网络运营主体落实网络安全保护责任，加强内部安全管理、规范操作规程。对涉案的网站服务器，QQ中保存的公民个人信息通过传统扣押方式不能消除危险的，检察机关可以提出关闭网站、注销侵权使用的QQ号码并永久删除保存在QQ内的公民个人信息数据等诉请，彻底消除危险。针对网络侵害的跨地域性等特点，检察机关协同相关行政机关治理侵害个人信息行为，有利于互联网领域损害公益问题的系统治理、综合治理、源头治理，彰显了公益诉讼的独特价值。

## 关联法条

《民事诉讼法》第五十五条。



**第七十一条　【个人信息违法行为的治安管理处罚和刑事责任】**

违反本法规定，构成违反治安管理行为的，依法给予治安管理处罚；构成犯罪的，依法追究刑事责任。

## 重点解读

本条是明确个人信息违法行为的治安管理处罚和刑事责任的衔接性条款。

本条作为兜底性的责任条款，明确了个人信息违法行为视情节不同，将可能面临治安管理处罚或刑事处罚，与《网络安全法》第七十四条、《数据安全法》第五十二条基本一致。

1. 治安管理处罚

除《个人信息保护法》外，其他有关个人信息违法行为的行政责任条款散见在不同法律当中，如《全国人民代表大会常务委员会关于加强网络信息保护的决定》《网络安全法》《电子商务法》《消费者权益保护法》《治安管理处罚法》等。

《个人信息保护法》对个人信息、敏感个人信息的处理规则、提供规则、跨境提供的特别情形均作了详细的规定，若个人信息处理者未遵循法律法规的规定处理、提供个人信息、违反了个人信息处理者的义务，则由国家网信部门、县级以上地方人民政府有关部门依照《个人信息保护法》开展调查、处理违法个人信息处理活动，同时构成违反治安管理行为的，由公安机关依照《治安管理处罚法》对相关责任主体进行治安管理处罚。如《治安管理处罚法》第四十二条，对偷窥、偷拍、窃听、散布他人隐私的，处五日以下拘留或者五百元以下罚款；情节较重的，处五日以上十日以下拘留，可以并处五百元以下罚款。通过对侵害隐私行为的打击，在一定程度上起到了对个人信息的保护。

2. 刑事责任

2009 年 2 月 28 日，《刑法修正案（七）》增设了金融机构等特定人员出售、非法提供公民个人信息罪（《刑法》第二百五十三条之一）。2015 年《刑法修正案（九）》对《刑法》第二百五十三条之一进行了修正，放宽了犯罪主体的限制，提升了法定最高刑的刑期，并规定对于在履行职责或者提供服务过程中获得的公民个人信息，非法出售或提供的行为，可以从重处罚。修改后，“出售、非法提供公民个人信息罪”和“非法获取公民个人信息罪”被整合为“侵犯公民个人信息罪”。该罪名在客观方面表现为两类行为：一类是“提供”，即向他人出售或者提供公民个人信息，根据《最高人民法院、最高人民检察院关于办理侵犯公民个人信息刑事案件适用法律若干问题的解释》（法释〔2017〕10 号，以下简称《侵犯公民个人信息罪司法解释》），将“通过信息网络或者其他途径发布公民个人信息的”方式亦解释为“提供”。另一类是“其他非法获取”，即窃取或者以其他方法非法获取公民个人信息的，《侵犯公民个人信息罪司法解释》第四条规定，“违反国家有关规定，通过购买、收受、交换等方式获取公民个人信息，或者在履行职责、提供服务过程中收集公民个人信息的”，属于“以其他方法非法获取公民个人信息”。构成该罪名必须“违反国家有关规定”，根据《侵犯公民个人信息罪司法解释》，“违反国家有关规定”是指违反法律、行政法规、部门规章有关公民个人信息保护的规定，在《个人信息保护法》出台后，违反《个人信息保护法》中有关公民个人信息保护的规定，情节严重的，将构成侵犯公民个人信息罪。

对于侵犯公民个人信息罪的构成要件、量刑标准和具体法律适用问题等具体可以参见《侵犯公民个人信息罪司法解释》，以及2019年最高人民检察院发布的《检察机关办理侵犯公民个人信息案件指引》（高检发侦监字〔2018〕13号）和最高人民法院、最高人民检察院联合发布的《关于办理非法利用信息网络、帮助信息网络犯罪活动等刑事案件适用法律若干问题的解释》（法释〔2019〕15号），其对于侵犯公民个人信息案件的具体构成要件，明确了更为细致的证据审查要求和更加清晰的定罪量刑标准。

若在侵犯公民个人信息权益的同时，还涉嫌危害国家安全，可能还会构成危害国家安全罪，如提供国家秘密、情报罪。

## 实务要点

1. 治安处罚规则有待进一步完善

鉴于《治安管理处罚法》于2005年8月颁布，后于2012年修订，其中关于个人信息权益保护内容相对较少，目前的条文中仅通过对隐私权的保护来覆盖一部分个人信息，保护范围相对较窄。随着《个人信息保护法》的出台，后续可能会基于新法的实践，进一步修订完善《治安管理处罚法》中有关个人信息的内容。

2. 行刑衔接标准有待进一步完善

《网络安全法》第六十四条第二款规定，窃取或者以其他非法方式获取、非法出售或者非法向他人提供个人信息，尚不构成犯罪的，由公安机关没收违法所得，并处违法所得一倍以上十倍以下罚款，没有违法所得的，处一百万元以下罚款。虽然《刑法》以及《侵犯公民个人信息罪司法解释》等相关司法解释对于侵害个人信息犯罪的相关标准进行了相对明确的界定，但是对于那些具有此类行为模式却又不构成犯罪的行为，是否能依照《网络安全法》第六十四条第二款由公安机关进行处罚，仍有待司法实践的进一步明确。

## 案例解析

### ＊案情介绍

2016年初，M公司由周某翔等人出资成立，周某翔系M公司法定代表人、总经理，负责公司整体运营，袁某系M公司技术总监、技术负责人，负责相关程序设计。M公司主要与各网络贷款公司、小型银行进行合作，为网络贷款公司、银行提供需要贷款的用户的个人信息及多维度信用数据，方式是M公司将其开发的前端插件嵌入上述网贷平台App中，在网贷平台用户使用网贷平台的App借款时，贷款用户需要在M公司提供的前端插件上，输入其通讯运营商、社保、公积金、淘宝、京东、学信网、征信中心等网站的账号、密码，经过贷款用户授权后，M公司的爬虫程序代替贷款用户登录上述网站，进入其个人账户，利用各类爬虫技术，爬取（复制）上述企、事业单位网站上贷款用户本人账户内的通话记录、社保、公积金等各类数据，并按与用户的约定提供给网贷平台用于判断用户的资信情况，并从网贷平台获取每笔0.1元至0.3元不等的费用。

M公司在和个人贷款用户签订的《数据采集服务协议》中明确告知贷款用户“不会保存用户账号密码，仅在用户每次单独授权的情况下采集信息”，但未经用户许可仍采用技术手段长期保存用户各类账号和密码在自己租用的阿里云服务器上。

周某翔明知公司存在保存用户账户密码的行为，未尽管理职责；袁某负责编写具有保存用户账户密码功能的网关程序。截至2019年9月案发时，对M公司租用的阿里云服务器进行勘验检查，发现以明文形式非法保存的个人贷款用户各类账号和密码条数多达21241504条。其中大部分账号密码，如淘宝、京东等，无法二次使用，仅有邮箱等部分账号密码存在未经用户授权被M公司二次使用的情况。

法院最终认定，被告单位M公司以其他方法非法获取公民个人信息，情节特别严重，其行为已构成侵犯公民个人信息罪，周某翔、袁某分别系对单位M公司侵犯公民个人信息行为直接负责的主管人员、其他直接责任人员，其行为均已构成侵犯公民个人信息罪。判决：被告单位M公司犯侵犯公民个人信息罪，处罚金人民币3000万元；被告人周某翔、袁某犯侵犯公民个人信息罪，判处有期徒刑三年，缓刑分别为四年、三年，并处罚金人民币30万元、50万元；没收作案工具电脑等，没收违法所得款人民币3000万元并上缴国库。

**＊法律解析**

根据《关于办理侵犯公民个人信息刑事案件适用法律若干问题的解释》第1条，本案中的账号密码系属《刑法》第253条之一所述的“个人信息”范畴。

根据《刑法》第253条之一第3款以及《关于办理侵犯公民个人信息刑事案件适用法律若干问题的解释》第5条的规定，对于侵犯公民个人信息的行为，均以非法获取、出售、提供作为本罪客观行为认定的标准。

本案中，法院认定M公司的行为构成《刑法》第253条之一第3款，即以其他方法非法获取公民个人信息，而M公司经过用户授权从而取得用户的账户信息，其取得账户信息的方式应属合法，其违法之处在于未经授权非法保存用户的账户信息。可见，此处法院对“非法获取”作了扩大解释，即合法取得信息后非法保存数据，未做到“阅后即焚”也可能落入“非法获取”的范畴。

法院并未对M公司仅获得用户授权，未获得淘宝、京东、社保公积金等平台使用爬虫获取该等平台相关数据的行为作出否定性评价（包括是否非法利用、是否构成不正当竞争等）。

关于直接负责的主管人员和其他直接责任人员的认定问题。本案中，法院将周某认定为直接负责的主管人员，原因在于周某系M公司的总经理，负责公司的日常经营，其明知M公司非法获取的行为却未履行管理职责予以制止。而袁某则编写具有保存用户账户密码功能的网关程序，应当属于直接责任人员。

## 关联法条

《网络安全法》第七十四条；《数据安全法》第五十二条；《治安管理处罚法》第四十二条；《刑法》第二百五十三条之一。

# 第八章　附　　则

**第七十二条　【不适用个人信息保护法的特殊情形】**

自然人因个人或者家庭事务处理个人信息的，不适用本法。

法律对各级人民政府及其有关部门组织实施的统计、档案管理活动中的个人信息处理有规定的，适用其规定。

## 重点解读

本条规定了不适用《个人信息保护法》的情形。

对于因个人或家庭事务进行的个人信息处理行为，因其涉及的个人信息有限，与社会的融合度较低，产生的社会影响力较小，需要法律调整的必要性较小，因此被排除在本法调整的范围之内。

对于《统计法》《档案法》等相关法律法规规定中涉及的个人信息，因其收集使用的主体特定，适用前述特别法相关的法律规定，因此也被排除在本法调整的范围。

## 实务要点

本条第一款明确，“自然人因个人或者家庭事务处理个人信息的，不适用本法”，举例来说，小明为父母找了一个保姆（个人提供服务，未与任何公司建立劳动关系或劳务关系），为了保姆能够去到父母家，小明把父母的家庭住址提供给了保姆，应该不适用本法的规定。

本条第二款明确了各级人民政府及其有关部门因组织实施统计、档案管理活动而处理个人信息的，不适用本法，而适用同统计、档案管理相关的法律规定。需要注意的是，这里的“规定”仅限于法律，不包括行政法规、规章和其他规范性文件。但如果前述法律中规定，对个人信息的收集、利用等应当遵守有关法律、行政法规规定的话，可以根据特别法的要求遵守行政法规等的具体规定，如《档案法》规定“利用档案涉及知识产权、个人信息的，应当遵守有关法律、行政法规的规定”。

## 关联法条

《统计法》第九条；《档案法》第二十八条。

**第七十三条 【定义】**

本法下列用语的含义：

（一）个人信息处理者，是指在个人信息处理活动中自主决定处理目的、处理方式的组织、个人。

（二）自动化决策，是指通过计算机程序自动分析、评估个人的行为习惯、兴趣爱好或者经济、健康、信用状况等，并进行决策的活动。

（三）去标识化，是指个人信息经过处理，使其在不借助额外信息的情况下无法识别特定自然人的过程。

（四）匿名化，是指个人信息经过处理无法识别特定自然人且不能复原的过程。

## 重点解读

关于“个人信息处理者”的表述，与《个人信息安全规范》第3.4条“个人信息控制者”的定义一致，强调对个人信息处理目的、方式的“决定”。对于受托处理而无法决定处理方式和处理目的的主体，不属于本法规定的个人信息处理者。

关于“自动化决策”的定义，本法强调了决策方式系通过计算机程序自动分析和评估，并列举了具体的可纳入自动化分析进行评估的场景，包括但不限于个人的行为习惯、兴趣爱好或者经济、健康、信用状况。

关于“去标识化”的定义，基本沿用了《个人信息安全规范》第3.15条对“去标识化”的定义，删除了“或者关联”的表述。删除“或者关联”的表述可能系基于同本法下“个人信息”定义的统一，并不必然意味着对“去标识化”概念的放宽。

关于“匿名化”的定义，基本沿用了《个人信息安全规范》第3.14条对“匿名化”的定义，删除了“或者关联”的表述。

删除“或者关联”的表述可能系基于同本法下“个人信息”定义的统一，并不必然意味着对“匿名化”概念的放宽。

## 实务要点

匿名化和去标识化作为处理个人信息的两种重要手段。去标识化，是指个人信息经过处理，使其在不借助额外信息的情况下无法识别特定自然人的过程。若该等数据经处理后无法被用于识别特定个人，则该等数据应被认定为匿名化的数据。就匿名化与去标识化的区别而言，可参考如下保护薪资状况的示例：

原始数据：

| 身份证号 | 姓名 | 性别 | 手机号 | 年龄 | 邮编 | 公司 | 薪资状况 |
|---|---|---|---|---|---|---|---|
| 110000 | 张三 | 男 | 15100000000 | 26 | 1010 | C1 | 60W |
| 310000 | 李四 | 女 | 15200000000 | 18 | 3011 | C2 | 50W |
| 110001 | 王五 | 男 | 15300000000 | 26 | 1011 | C1 | 40W |
| 310001 | 周六 | 女 | 15400000000 | 20 | 3021 | C2 | 45W |

去标识化后的数据：

| 性别 | 年龄 | 公司 | 邮编 | 薪资状况 |
|---|---|---|---|---|
| 男 | 26 | C1 | 1010 | 60W |
| 女 | 18 | C2 | 3011 | 50W |
| 男 | 26 | C1 | 1011 | 40W |
| 女 | 20 | C2 | 3021 | 45W |

匿名化后的数据：

| 性别 | 年龄 | 公司 | 邮编 | 薪资状况 |
| --- | --- | --- | --- | --- |
| 男 | >25 | C1 | 101 * | 60W |
| 女 | ≤20 | C2 | 30 * 1 | 50W |
| 男 | >25 | C1 | 101 * | 40W |
| 女 | ≤20 | C2 | 30 * 1 | 45W |

基于以上示例可以看出，若仅对数据做去标识化处理，则数据接收方库中也有相应的性别、年龄、公司、邮编数据，数据接收方存在识别特定人并了解其薪资状况的可能性。但若对数据做匿名化处理，则数据接收方将无法仅凭性别、年龄、公司、邮编等数据识别特定人，亦无法得知特定人的薪资状况。去标识化与匿名化的核心区别在于，处理后的数据借助其他信息是否能够识别特定个人。

**第七十四条　【施行时间】**

本法自 2021 年 11 月 1 日起施行。

## 重点解读

本条规定了本法的具体施行时间。

## 实务要点

本条明确，本法将于 2021 年 11 月 1 日起施行，距颁布时间不足三个月。考虑到本法对于个人信息的处理规则进行了普遍调整，建议企业应抓紧这一窗口期，尽快做好相应的合规安排，并确保在《个人信息保护法》正式实施后合法合规经营。

## 核心关联法规

# 中华人民共和国民法典（节录）

（2020年5月28日第十三届全国人民代表大会第三次会议通过　2020年5月28日中华人民共和国主席第45号公布　自2021年1月1日起施行）

……

**第一百一十一条**　自然人的个人信息受法律保护。任何组织或者个人需要获取他人个人信息的，应当依法取得并确保信息安全，不得非法收集、使用、加工、传输他人个人信息，不得非法买卖、提供或者公开他人个人信息。

……

**第一百八十二条**　因紧急避险造成损害的，由引起险情发生的人承担民事责任。

危险由自然原因引起的，紧急避险人不承担民事责任，可以给予适当补偿。

紧急避险采取措施不当或者超过必要的限度，造成不应有的损害的，紧急避险人应当承担适当的民事责任。

……

**第四百九十六条**　格式条款是当事人为了重复使用而预先拟定，并在订立合同时未与对方协商的条款。

采用格式条款订立合同的，提供格式条款的一方应当遵循公平原则确定当事人之间的权利和义务，并采取合理的方式提示对方注意免除或者减轻其责任等与对方有重大利害关系的条款，按照对方的要求，对该条款予以说明。提供格式条款的一方未履行提示或者说明义务，致使对方没有注意或者理解与其有重大利害关系的条款的，对方可以主张该条款不成为合同的内容。

……

**第九百一十九条** 委托合同是委托人和受托人约定，由受托人处理委托人事务的合同。

……

**第九百九十四条** 死者的姓名、肖像、名誉、荣誉、隐私、遗体等受到侵害的，其配偶、子女、父母有权依法请求行为人承担民事责任；死者没有配偶、子女且父母已经死亡的，其他近亲属有权依法请求行为人承担民事责任。

……

**第一千零二十一条** 当事人对肖像许可使用合同中关于肖像使用条款的理解有争议的，应当作出有利于肖像权人的解释。

……

**第一千零三十四条** 自然人的个人信息受法律保护。

个人信息是以电子或者其他方式记录的能够单独或者与其他信息结合识别特定自然人的各种信息，包括自然人的姓名、出生日期、身份证件号码、生物识别信息、住址、电话号码、电子邮箱、健康信息、行踪信息等。

个人信息中的私密信息，适用有关隐私权的规定；没有规定的，适用有关个人信息保护的规定。

**第一千零三十五条** 处理个人信息的，应当遵循合法、正当、必要原则，不得过度处理，并符合下列条件：

（一）征得该自然人或者其监护人同意，但是法律、行政法规另有规定的除外；

（二）公开处理信息的规则；

（三）明示处理信息的目的、方式和范围；

（四）不违反法律、行政法规的规定和双方的约定。

个人信息的处理包括个人信息的收集、存储、使用、加工、传输、提供、公开等。

**第一千零三十六条** 处理个人信息，有下列情形之一的，行为人不承担民事责任：

（一）在该自然人或者其监护人同意的范围内合理实施的行为；

（二）合理处理该自然人自行公开的或者其他已经合法公开的信息，但是该自然人明确拒绝或者处理该信息侵害其重大利益的除外；

（三）为维护公共利益或者该自然人合法权益，合理实施的其他行为。

**第一千零三十七条** 自然人可以依法向信息处理者查阅或者复制其个人信息；发现信息有错误的，有权提出异议并请求及时采取更正等必要措施。

自然人发现信息处理者违反法律、行政法规的规定或者双方的约定处理其个人信息的，有权请求信息处理者及时删除。

**第一千零三十八条** 信息处理者不得泄露或者篡改其收集、存储的个人信息；未经自然人同意，不得向他人非法提供其个人信息，但是经过加工无法识别特定个人且不能复原的除外。

信息处理者应当采取技术措施和其他必要措施，确保其收集、存储的个人信息安全，防止信息泄露、篡改、丢失；发生或者可能发生个人信息泄露、篡改、丢失的，应当及时采取补救措施，按照规定告知自然人并向有关主管部门报告。

……

**第一千零四十五条** 亲属包括配偶、血亲和姻亲。

配偶、父母、子女、兄弟姐妹、祖父母、外祖父母、孙子女、外孙子女为近亲属。

配偶、父母、子女和其他共同生活的近亲属为家庭成员。

……

**第一千一百二十二条** 遗产是自然人死亡时遗留的个人合法财产。

依照法律规定或者根据其性质不得继承的遗产，不得继承。

……

**第一千一百六十八条** 二人以上共同实施侵权行为，造成他人损害的，应当承担连带责任。

……

**第一千一百八十二条** 侵害他人人身权益造成财产损失的，按照被侵权人因此受到的损失或者侵权人因此获得的利益赔偿；被侵权人因此受到的损失以及侵权人因此获得的利益难以确定，被侵权人和侵权人就赔偿数额协商不一致，向人民法院提起诉讼的，由人民法院根据实际情况确定赔偿数额。

……

**第一千一百九十八条** 宾馆、商场、银行、车站、机场、体育场馆、娱乐场所等经营场所、公共场所的经营者、管理者或者群众性活动的组织者，未尽到安全保障义务，造成他人损害的，应当承担侵权责任。

因第三人的行为造成他人损害的，由第三人承担侵权责任；经营者、管理者或者组织者未尽到安全保障义务的，承担相应的补充责任。经营者、管理者或者组织者承担补充责任后，可以向第三人追偿。

**第一千一百九十九条** 无民事行为能力人在幼儿园、学校或者其他教育机构学习、生活期间受到人身损害的，幼儿园、学校或者其他教育机构应当承担侵权责任；但是，能够证明尽到教育、管理职责的，不承担侵权责任。

……

**第一千二百三十八条** 民用航空器造成他人损害的，民用航空器的经营者应当承担侵权责任；但是，能够证明损害是因受害人故意造成的，不承担责任。

**第一千二百三十九条** 占有或者使用易燃、易爆、剧毒、高放射性、强腐蚀性、高致病性等高度危险物造成他人损害的，占有人或者使用人应当承担侵权责任；但是，能够证明损害是因受害人故意或者不可抗力造成的，不承担责任。被侵权人对损害的发生有重大过失的，可以减轻占有人或者使用人的责任。

……

# 中华人民共和国网络安全法

（2016年11月7日第十二届全国人民代表大会常务委员会第二十四次会议通过　2016年11月7日中华人民共和国主席令第53号公布　自2017年6月1日起施行）

## 第一章　总　　则

**第一条** 为了保障网络安全，维护网络空间主权和国家安全、社会公共利益，保护公民、法人和其他组织的合法权益，促进经济社会信息化健康发展，制定本法。

**第二条** 在中华人民共和国境内建设、运营、维护和使用网络，以及网络安全的监督管理，适用本法。

**第三条** 国家坚持网络安全与信息化发展并重，遵循积极利用、科学发展、依法管理、确保安全的方针，推进网络基础设施建设和互联互通，鼓励网络技术创新和应用，支持培养网络安全人才，建立健全网络安全保障体系，提高网络安全保护能力。

**第四条** 国家制定并不断完善网络安全战略，明确保障网络安全的基本要求和主要目标，提出重点领域的网络安全政策、工作任务和措施。

**第五条** 国家采取措施，监测、防御、处置来源于中华人民共和国境内外的网络安全风险和威胁，保护关键信息基础设施免受攻击、侵入、干扰和破坏，依法惩治网络违法犯罪活动，维护网络空间安全和秩序。

**第六条** 国家倡导诚实守信、健康文明的网络行为，推动传播社会主义核心价值观，采取措施提高全社会的网络安全意识和水平，形成全社会共同参与促进网络安全的良好环境。

**第七条** 国家积极开展网络空间治理、网络技术研发和标准制定、打击网络违法犯罪等方面的国际交流与合作，推动构建和平、安全、开放、合作的网络空间，建立多边、民主、透明的网络治理体系。

**第八条** 国家网信部门负责统筹协调网络安全工作和相关监督管理工作。国务院电信主管部门、公安部门和其他有关机关依照本法和有关法律、行政法规的规定，在各自职责范围内负责网络安全保护和监督管理工作。

县级以上地方人民政府有关部门的网络安全保护和监督管理职责，按照国家有关规定确定。

**第九条** 网络运营者开展经营和服务活动，必须遵守法律、行政法规，尊重社会公德，遵守商业道德，诚实信用，履行网络安全保护义务，接受政府和社会的监督，承担社会责任。

**第十条** 建设、运营网络或者通过网络提供服务，应当依照法律、行政法规的规定和国家标准的强制性要求，采取技术措施和其他必要措施，保障网络安全、稳定运行，有效应对网络安全事件，防范网络违法犯罪活动，维护网络数据的完整性、保密性和可用性。

**第十一条** 网络相关行业组织按照章程，加强行业自律，制定网络安全行为规范，指导会员加强网络安全保护，提高网络安全保护水平，促进行业健康发展。

**第十二条** 国家保护公民、法人和其他组织依法使用网络的权利，促进网络接入普及，提升网络服务水平，为社会提供安全、便利的网络服务，保障网络信息依法有序自由流动。

任何个人和组织使用网络应当遵守宪法法律，遵守公共秩序，尊重社会公德，不得危害网络安全，不得利用网络从事危害国家安全、荣誉和利益，煽动颠覆国家政权、推翻社会主义制度，煽动分裂国家、破坏国家统一，宣扬恐怖主义、极端主义，宣扬民族仇恨、民族歧视，传播暴力、淫秽色情信息，编造、传播虚假信息扰乱经济秩序和社会秩序，以及侵害他人名誉、隐私、知识产权和其他合法权益等活动。

**第十三条** 国家支持研究开发有利于未成年人健康成长的网络产品和服务，依法惩治利用网络从事危害未成年人身心健康的活动，为未成年人提供安全、健康的网络环境。

**第十四条** 任何个人和组织有权对危害网络安全的行为向网信、电信、公安等部门举报。收到举报的部门应当及时依法作出处理；不属于本部门职责的，应当及时移送有权处理的部门。

有关部门应当对举报人的相关信息予以保密，保护举报人的合法权益。

## 第二章 网络安全支持与促进

**第十五条** 国家建立和完善网络安全标准体系。国务院标准化行政主管部门和国务院其他有关部门根据各自的职责，组织制定并适时修订有关网络安全管理以及网络产品、服务和运行安全的国家标准、行业标准。

国家支持企业、研究机构、高等学校、网络相关行业组织参与网络安全国家标准、行业标准的制定。

**第十六条** 国务院和省、自治区、直辖市人民政府应当统筹规划，加大投入，扶持重点网络安全技术产业和项目，支持网络安全技术的研究开发和应用，推广安全可信的网络产品和服务，保护网络技术知识产权，支持企业、研究机构和高等学校等参与国家网络安全技术创新项目。

**第十七条** 国家推进网络安全社会化服务体系建设，鼓励有关企业、机构开展网络安全认证、检测和风险评估等安全服务。

**第十八条** 国家鼓励开发网络数据安全保护和利用技术，促进公共数据资源开放，推动技术创新和经济社会发展。

国家支持创新网络安全管理方式，运用网络新技术，提升网络安全保护水平。

**第十九条** 各级人民政府及其有关部门应当组织开展经常性

的网络安全宣传教育，并指导、督促有关单位做好网络安全宣传教育工作。

大众传播媒介应当有针对性地面向社会进行网络安全宣传教育。

**第二十条** 国家支持企业和高等学校、职业学校等教育培训机构开展网络安全相关教育与培训，采取多种方式培养网络安全人才，促进网络安全人才交流。

## 第三章 网络运行安全

### 第一节 一般规定

**第二十一条** 国家实行网络安全等级保护制度。网络运营者应当按照网络安全等级保护制度的要求，履行下列安全保护义务，保障网络免受干扰、破坏或者未经授权的访问，防止网络数据泄露或者被窃取、篡改：

（一）制定内部安全管理制度和操作规程，确定网络安全负责人，落实网络安全保护责任；

（二）采取防范计算机病毒和网络攻击、网络侵入等危害网络安全行为的技术措施；

（三）采取监测、记录网络运行状态、网络安全事件的技术措施，并按照规定留存相关的网络日志不少于六个月；

（四）采取数据分类、重要数据备份和加密等措施；

（五）法律、行政法规规定的其他义务。

**第二十二条** 网络产品、服务应当符合相关国家标准的强制性要求。网络产品、服务的提供者不得设置恶意程序；发现其网络产品、服务存在安全缺陷、漏洞等风险时，应当立即采取补救措施，按照规定及时告知用户并向有关主管部门报告。

网络产品、服务的提供者应当为其产品、服务持续提供安全维护；在规定或者当事人约定的期限内，不得终止提供安全维护。

网络产品、服务具有收集用户信息功能的，其提供者应当向用户明示并取得同意；涉及用户个人信息的，还应当遵守本法和有关法律、行政法规关于个人信息保护的规定。

**第二十三条** 网络关键设备和网络安全专用产品应当按照相关国家标准的强制性要求，由具备资格的机构安全认证合格或者安全检测符合要求后，方可销售或者提供。国家网信部门会同国务院有关部门制定、公布网络关键设备和网络安全专用产品目录，并推动安全认证和安全检测结果互认，避免重复认证、检测。

**第二十四条** 网络运营者为用户办理网络接入、域名注册服务，办理固定电话、移动电话等入网手续，或者为用户提供信息发布、即时通讯等服务，在与用户签订协议或者确认提供服务时，应当要求用户提供真实身份信息。用户不提供真实身份信息的，网络运营者不得为其提供相关服务。

国家实施网络可信身份战略，支持研究开发安全、方便的电子身份认证技术，推动不同电子身份认证之间的互认。

**第二十五条** 网络运营者应当制定网络安全事件应急预案，及时处置系统漏洞、计算机病毒、网络攻击、网络侵入等安全风险；在发生危害网络安全的事件时，立即启动应急预案，采取相应的补救措施，并按照规定向有关主管部门报告。

**第二十六条** 开展网络安全认证、检测、风险评估等活动，向社会发布系统漏洞、计算机病毒、网络攻击、网络侵入等网络安全信息，应当遵守国家有关规定。

**第二十七条** 任何个人和组织不得从事非法侵入他人网络、干扰他人网络正常功能、窃取网络数据等危害网络安全的活动；不得提供专门用于从事侵入网络、干扰网络正常功能及防护措施、窃取网络数据等危害网络安全活动的程序、工具；明知他人从事危害网络安全的活动的，不得为其提供技术支持、广告推广、支付结算等帮助。

**第二十八条** 网络运营者应当为公安机关、国家安全机关依法维护国家安全和侦查犯罪的活动提供技术支持和协助。

**第二十九条** 国家支持网络运营者之间在网络安全信息收集、分析、通报和应急处置等方面进行合作，提高网络运营者的安全保障能力。

有关行业组织建立健全本行业的网络安全保护规范和协作机制，加强对网络安全风险的分析评估，定期向会员进行风险警示，支持、协助会员应对网络安全风险。

**第三十条** 网信部门和有关部门在履行网络安全保护职责中获取的信息，只能用于维护网络安全的需要，不得用于其他用途。

## 第二节　关键信息基础设施的运行安全

**第三十一条** 国家对公共通信和信息服务、能源、交通、水利、金融、公共服务、电子政务等重要行业和领域，以及其他一旦遭到破坏、丧失功能或者数据泄露，可能严重危害国家安全、国计民生、公共利益的关键信息基础设施，在网络安全等级保护制度的基础上，实行重点保护。关键信息基础设施的具体范围和安全保护办法由国务院制定。

国家鼓励关键信息基础设施以外的网络运营者自愿参与关键信息基础设施保护体系。

**第三十二条** 按照国务院规定的职责分工，负责关键信息基础设施安全保护工作的部门分别编制并组织实施本行业、本领域的关键信息基础设施安全规划，指导和监督关键信息基础设施运行安全保护工作。

**第三十三条** 建设关键信息基础设施应当确保其具有支持业务稳定、持续运行的性能，并保证安全技术措施同步规划、同步建设、同步使用。

**第三十四条** 除本法第二十一条的规定外，关键信息基础设施的运营者还应当履行下列安全保护义务：

（一）设置专门安全管理机构和安全管理负责人，并对该负责人和关键岗位的人员进行安全背景审查；

（二）定期对从业人员进行网络安全教育、技术培训和技能考核；

（三）对重要系统和数据库进行容灾备份；

（四）制定网络安全事件应急预案，并定期进行演练；

（五）法律、行政法规规定的其他义务。

**第三十五条** 关键信息基础设施的运营者采购网络产品和服务，可能影响国家安全的，应当通过国家网信部门会同国务院有关部门组织的国家安全审查。

**第三十六条** 关键信息基础设施的运营者采购网络产品和服务，应当按照规定与提供者签订安全保密协议，明确安全和保密义务与责任。

**第三十七条** 关键信息基础设施的运营者在中华人民共和国境内运营中收集和产生的个人信息和重要数据应当在境内存储。因业务需要，确需向境外提供的，应当按照国家网信部门会同国务院有关部门制定的办法进行安全评估；法律、行政法规另有规定的，依照其规定。

**第三十八条** 关键信息基础设施的运营者应当自行或者委托网络安全服务机构对其网络的安全性和可能存在的风险每年至少进行一次检测评估，并将检测评估情况和改进措施报送相关负责关键信息基础设施安全保护工作的部门。

**第三十九条** 国家网信部门应当统筹协调有关部门对关键信息基础设施的安全保护采取下列措施：

（一）对关键信息基础设施的安全风险进行抽查检测，提出改进措施，必要时可以委托网络安全服务机构对网络存在的安全风险进行检测评估；

（二）定期组织关键信息基础设施的运营者进行网络安全应急演练，提高应对网络安全事件的水平和协同配合能力；

（三）促进有关部门、关键信息基础设施的运营者以及有关研究机构、网络安全服务机构等之间的网络安全信息共享；

（四）对网络安全事件的应急处置与网络功能的恢复等，提供技术支持和协助。

## 第四章　网络信息安全

**第四十条** 网络运营者应当对其收集的用户信息严格保密，并建立健全用户信息保护制度。

**第四十一条** 网络运营者收集、使用个人信息，应当遵循合法、正当、必要的原则，公开收集、使用规则，明示收集、使用信息的目的、方式和范围，并经被收集者同意。

网络运营者不得收集与其提供的服务无关的个人信息，不得违反法律、行政法规的规定和双方的约定收集、使用个人信息，并应当依照法律、行政法规的规定和与用户的约定，处理其保存的个人信息。

**第四十二条** 网络运营者不得泄露、篡改、毁损其收集的个人信息；未经被收集者同意，不得向他人提供个人信息。但是，经过处理无法识别特定个人且不能复原的除外。

网络运营者应当采取技术措施和其他必要措施，确保其收集的个人信息安全，防止信息泄露、毁损、丢失。在发生或者可能发生个人信息泄露、毁损、丢失的情况时，应当立即采取补救措施，按照规定及时告知用户并向有关主管部门报告。

**第四十三条** 个人发现网络运营者违反法律、行政法规的规定或者双方的约定收集、使用其个人信息的，有权要求网络运营者删除其个人信息；发现网络运营者收集、存储的其个人信息有错误的，有权要求网络运营者予以更正。网络运营者应当采取措施予以删除或者更正。

**第四十四条** 任何个人和组织不得窃取或者以其他非法方式获取个人信息，不得非法出售或者非法向他人提供个人信息。

**第四十五条** 依法负有网络安全监督管理职责的部门及其工作人员，必须对在履行职责中知悉的个人信息、隐私和商业秘密严格保密，不得泄露、出售或者非法向他人提供。

**第四十六条** 任何个人和组织应当对其使用网络的行为负责，不得设立用于实施诈骗，传授犯罪方法，制作或者销售违禁物品、管制物品等违法犯罪活动的网站、通讯群组，不得利用网络发布涉及实施诈骗，制作或者销售违禁物品、管制物品以及其他违法犯罪活动的信息。

**第四十七条** 网络运营者应当加强对其用户发布的信息的管理，发现法律、行政法规禁止发布或者传输的信息的，应当立即停止传输该信息，采取消除等处置措施，防止信息扩散，保存有关记录，并向有关主管部门报告。

**第四十八条** 任何个人和组织发送的电子信息、提供的应用软件，不得设置恶意程序，不得含有法律、行政法规禁止发布或者传输的信息。

电子信息发送服务提供者和应用软件下载服务提供者，应当履行安全管理义务，知道其用户有前款规定行为的，应当停止提供服务，采取消除等处置措施，保存有关记录，并向有关主管部门报告。

**第四十九条** 网络运营者应当建立网络信息安全投诉、举报制度，公布投诉、举报方式等信息，及时受理并处理有关网络信息安全的投诉和举报。

网络运营者对网信部门和有关部门依法实施的监督检查，应当予以配合。

**第五十条** 国家网信部门和有关部门依法履行网络信息安全监督管理职责，发现法律、行政法规禁止发布或者传输的信息的，应当要求网络运营者停止传输，采取消除等处置措施，保存有关记录；对来源于中华人民共和国境外的上述信息，应当通知有关机构采取技术措施和其他必要措施阻断传播。

## 第五章 监测预警与应急处置

**第五十一条** 国家建立网络安全监测预警和信息通报制度。国家网信部门应当统筹协调有关部门加强网络安全信息收集、分析和通报工作，按照规定统一发布网络安全监测预警信息。

**第五十二条** 负责关键信息基础设施安全保护工作的部门，

应当建立健全本行业、本领域的网络安全监测预警和信息通报制度，并按照规定报送网络安全监测预警信息。

**第五十三条** 国家网信部门协调有关部门建立健全网络安全风险评估和应急工作机制，制定网络安全事件应急预案，并定期组织演练。

负责关键信息基础设施安全保护工作的部门应当制定本行业、本领域的网络安全事件应急预案，并定期组织演练。

网络安全事件应急预案应当按照事件发生后的危害程度、影响范围等因素对网络安全事件进行分级，并规定相应的应急处置措施。

**第五十四条** 网络安全事件发生的风险增大时，省级以上人民政府有关部门应当按照规定的权限和程序，并根据网络安全风险的特点和可能造成的危害，采取下列措施：

（一）要求有关部门、机构和人员及时收集、报告有关信息，加强对网络安全风险的监测；

（二）组织有关部门、机构和专业人员，对网络安全风险信息进行分析评估，预测事件发生的可能性、影响范围和危害程度；

（三）向社会发布网络安全风险预警，发布避免、减轻危害的措施。

**第五十五条** 发生网络安全事件，应当立即启动网络安全事件应急预案，对网络安全事件进行调查和评估，要求网络运营者采取技术措施和其他必要措施，消除安全隐患，防止危害扩大，并及时向社会发布与公众有关的警示信息。

**第五十六条** 省级以上人民政府有关部门在履行网络安全监督管理职责中，发现网络存在较大安全风险或者发生安全事件的，可以按照规定的权限和程序对该网络的运营者的法定代表人或者主要负责人进行约谈。网络运营者应当按照要求采取措施，进行整改，消除隐患。

**第五十七条** 因网络安全事件，发生突发事件或者生产安全事故的，应当依照《中华人民共和国突发事件应对法》、《中华人民共和国安全生产法》等有关法律、行政法规的规定处置。

**第五十八条** 因维护国家安全和社会公共秩序，处置重大突发社会安全事件的需要，经国务院决定或者批准，可以在特定区域对网络通信采取限制等临时措施。

## 第六章 法律责任

**第五十九条** 网络运营者不履行本法第二十一条、第二十五条规定的网络安全保护义务的，由有关主管部门责令改正，给予警告；拒不改正或者导致危害网络安全等后果的，处一万元以上十万元以下罚款，对直接负责的主管人员处五千元以上五万元以下罚款。

关键信息基础设施的运营者不履行本法第三十三条、第三十四条、第三十六条、第三十八条规定的网络安全保护义务的，由有关主管部门责令改正，给予警告；拒不改正或者导致危害网络安全等后果的，处十万元以上一百万元以下罚款，对直接负责的主管人员处一万元以上十万元以下罚款。

**第六十条** 违反本法第二十二条第一款、第二款和第四十八条第一款规定，有下列行为之一的，由有关主管部门责令改正，给予警告；拒不改正或者导致危害网络安全等后果的，处五万元以上五十万元以下罚款，对直接负责的主管人员处一万元以上十万元以下罚款：

（一）设置恶意程序的；

（二）对其产品、服务存在的安全缺陷、漏洞等风险未立即采取补救措施，或者未按照规定及时告知用户并向有关主管部门报告的；

（三）擅自终止为其产品、服务提供安全维护的。

**第六十一条** 网络运营者违反本法第二十四条第一款规定，未要求用户提供真实身份信息，或者对不提供真实身份信息的用户提供相关服务的，由有关主管部门责令改正；拒不改正或者情节严重的，处五万元以上五十万元以下罚款，并可以由有关主管部门责令暂停相关业务、停业整顿、关闭网站、吊销相关业务许可证或者吊销营业执照，对直接负责的主管人员和其他直接责任人员处一万元以上十万元以下罚款。

**第六十二条** 违反本法第二十六条规定，开展网络安全认证、检测、风险评估等活动，或者向社会发布系统漏洞、计算机病毒、网络攻击、网络侵入等网络安全信息的，由有关主管部门责令改正，给予警告；拒不改正或者情节严重的，处一万元以上十万元以下罚款，并可以由有关主管部门责令暂停相关业务、停业整顿、关闭网站、吊销相关业务许可证或者吊销营业执照，对直接负责的主管人员和其他直接责任人员处五千元以上五万元以下罚款。

**第六十三条** 违反本法第二十七条规定，从事危害网络安全的活动，或者提供专门用于从事危害网络安全活动的程序、工具，或者为他人从事危害网络安全的活动提供技术支持、广告推广、支付结算等帮助，尚不构成犯罪的，由公安机关没收违法所得，处五日以下拘留，可以并处五万元以上五十万元以下罚款；情节较重的，处五日以上十五日以下拘留，可以并处十万元以上一百万元以下罚款。

单位有前款行为的，由公安机关没收违法所得，处十万元以上一百万元以下罚款，并对直接负责的主管人员和其他直接责任人员依照前款规定处罚。

违反本法第二十七条规定，受到治安管理处罚的人员，五年内不得从事网络安全管理和网络运营关键岗位的工作；受到刑事处罚的人员，终身不得从事网络安全管理和网络运营关键岗位的工作。

**第六十四条** 网络运营者、网络产品或者服务的提供者违反本法第二十二条第三款、第四十一条至第四十三条规定，侵害个人信息依法得到保护的权利的，由有关主管部门责令改正，可以根据情节单处或者并处警告、没收违法所得、处违法所得一倍以上十倍以下罚款，没有违法所得的，处一百万元以下罚款，对直接负责的主管人员和其他直接责任人员处一万元以上十万元以下罚款；情节严重的，并可以责令暂停相关业务、停业整顿、关闭网站、吊销相关业务许可证或者吊销营业执照。

违反本法第四十四条规定，窃取或者以其他非法方式获取、非法出售或者非法向他人提供个人信息，尚不构成犯罪的，由公安机关没收违法所得，并处违法所得一倍以上十倍以下罚款，没有违法所得的，处一百万元以下罚款。

**第六十五条** 关键信息基础设施的运营者违反本法第三十五条规定，使用未经安全审查或者安全审查未通过的网络产品或者服务的，由有关主管部门责令停止使用，处采购金额一倍以上十倍以下罚款；对直接负责的主管人员和其他直接责任人员处一万元以上十万元以下罚款。

**第六十六条** 关键信息基础设施的运营者违反本法第三十七条规定，在境外存储网络数据，或者向境外提供网络数据的，由有关主管部门责令改正，给予警告，没收违法所得，处五万元以上五十万元以下罚款，并可以责令暂停相关业务、停业整顿、关闭网站、吊销相关业务许可证或者吊销营业执照；对直接负责的主管人员和其他直接责任人员处一万元以上十万元以下罚款。

**第六十七条** 违反本法第四十六条规定，设立用于实施违法犯罪活动的网站、通讯群组，或者利用网络发布涉及实施违法犯罪活动的信息，尚不构成犯罪的，由公安机关处五日以下拘留，可以并处一万元以上十万元以下罚款；情节较重的，处五日以上十五日以下拘留，可以并处五万元以上五十万元以下罚款。关闭用于实施违法犯罪活动的网站、通讯群组。

单位有前款行为的，由公安机关处十万元以上五十万元以下罚款，并对直接负责的主管人员和其他直接责任人员依照前款规定处罚。

**第六十八条** 网络运营者违反本法第四十七条规定，对法律、行政法规禁止发布或者传输的信息未停止传输、采取消除等处置措施、保存有关记录的，由有关主管部门责令改正，给予警告，没收违法所得；拒不改正或者情节严重的，处十万元以上五十万元以下罚款，并可以责令暂停相关业务、停业整顿、关闭网站、吊销相关业务许可证或者吊销营业执照，对直接负责的主管人员和其他直接责任人员处一万元以上十万元以下罚款。

电子信息发送服务提供者、应用软件下载服务提供者，不履行本法第四十八条第二款规定的安全管理义务的，依照前款规定处罚。

**第六十九条** 网络运营者违反本法规定，有下列行为之一的，由有关主管部门责令改正；拒不改正或者情节严重的，处五万元以上五十万元以下罚款，对直接负责的主管人员和其他直接责任人员，处一万元以上十万元以下罚款：

（一）不按照有关部门的要求对法律、行政法规禁止发布或者传输的信息，采取停止传输、消除等处置措施的；

（二）拒绝、阻碍有关部门依法实施的监督检查的；

（三）拒不向公安机关、国家安全机关提供技术支持和协助的。

**第七十条** 发布或者传输本法第十二条第二款和其他法律、行政法规禁止发布或者传输的信息的，依照有关法律、行政法规的规定处罚。

**第七十一条** 有本法规定的违法行为的，依照有关法律、行政法规的规定记入信用档案，并予以公示。

**第七十二条** 国家机关政务网络的运营者不履行本法规定的网络安全保护义务的，由其上级机关或者有关机关责令改正；对直接负责的主管人员和其他直接责任人员依法给予处分。

**第七十三条** 网信部门和有关部门违反本法第三十条规定，将在履行网络安全保护职责中获取的信息用于其他用途的，对直接负责的主管人员和其他直接责任人员依法给予处分。

网信部门和有关部门的工作人员玩忽职守、滥用职权、徇私舞弊，尚不构成犯罪的，依法给予处分。

**第七十四条** 违反本法规定，给他人造成损害的，依法承担民事责任。

违反本法规定，构成违反治安管理行为的，依法给予治安管理处罚；构成犯罪的，依法追究刑事责任。

**第七十五条** 境外的机构、组织、个人从事攻击、侵入、干扰、破坏等危害中华人民共和国的关键信息基础设施的活动，造成严重后果的，依法追究法律责任；国务院公安部门和有关部门并可以决定对该机构、组织、个人采取冻结财产或者其他必要的制裁措施。

## 第七章　附　　则

**第七十六条**　本法下列用语的含义：

（一）网络，是指由计算机或者其他信息终端及相关设备组成的按照一定的规则和程序对信息进行收集、存储、传输、交换、处理的系统。

（二）网络安全，是指通过采取必要措施，防范对网络的攻击、侵入、干扰、破坏和非法使用以及意外事故，使网络处于稳定可靠运行的状态，以及保障网络数据的完整性、保密性、可用性的能力。

（三）网络运营者，是指网络的所有者、管理者和网络服务提供者。

（四）网络数据，是指通过网络收集、存储、传输、处理和产生的各种电子数据。

（五）个人信息，是指以电子或者其他方式记录的能够单独或者与其他信息结合识别自然人个人身份的各种信息，包括但不限于自然人的姓名、出生日期、身份证件号码、个人生物识别信息、住址、电话号码等。

**第七十七条**　存储、处理涉及国家秘密信息的网络的运行安全保护，除应当遵守本法外，还应当遵守保密法律、行政法规的规定。

**第七十八条**　军事网络的安全保护，由中央军事委员会另行规定。

**第七十九条**　本法自2017年6月1日起施行。

# 中华人民共和国数据安全法

（2021年6月10日第十三届全国人民代表大会常务委员会第二十九次会议通过　2021年6月10日中华人民共和国主席令第84号公布　自2021年9月1日起施行）

## 第一章　总　　则

**第一条**　为了规范数据处理活动，保障数据安全，促进数据开发利用，保护个人、组织的合法权益，维护国家主权、安全和发展利益，制定本法。

**第二条**　在中华人民共和国境内开展数据处理活动及其安全监管，适用本法。

在中华人民共和国境外开展数据处理活动，损害中华人民共和国国家安全、公共利益或者公民、组织合法权益的，依法追究法律责任。

**第三条**　本法所称数据，是指任何以电子或者其他方式对信息的记录。

数据处理，包括数据的收集、存储、使用、加工、传输、提供、公开等。

数据安全，是指通过采取必要措施，确保数据处于有效保护和合法利用的状态，以及具备保障持续安全状态的能力。

**第四条**　维护数据安全，应当坚持总体国家安全观，建立健全数据安全治理体系，提高数据安全保障能力。

**第五条** 中央国家安全领导机构负责国家数据安全工作的决策和议事协调，研究制定、指导实施国家数据安全战略和有关重大方针政策，统筹协调国家数据安全的重大事项和重要工作，建立国家数据安全工作协调机制。

**第六条** 各地区、各部门对本地区、本部门工作中收集和产生的数据及数据安全负责。

工业、电信、交通、金融、自然资源、卫生健康、教育、科技等主管部门承担本行业、本领域数据安全监管职责。

公安机关、国家安全机关等依照本法和有关法律、行政法规的规定，在各自职责范围内承担数据安全监管职责。

国家网信部门依照本法和有关法律、行政法规的规定，负责统筹协调网络数据安全和相关监管工作。

**第七条** 国家保护个人、组织与数据有关的权益，鼓励数据依法合理有效利用，保障数据依法有序自由流动，促进以数据为关键要素的数字经济发展。

**第八条** 开展数据处理活动，应当遵守法律、法规，尊重社会公德和伦理，遵守商业道德和职业道德，诚实守信，履行数据安全保护义务，承担社会责任，不得危害国家安全、公共利益，不得损害个人、组织的合法权益。

**第九条** 国家支持开展数据安全知识宣传普及，提高全社会的数据安全保护意识和水平，推动有关部门、行业组织、科研机构、企业、个人等共同参与数据安全保护工作，形成全社会共同维护数据安全和促进发展的良好环境。

**第十条** 相关行业组织按照章程，依法制定数据安全行为规范和团体标准，加强行业自律，指导会员加强数据安全保护，提高数据安全保护水平，促进行业健康发展。

**第十一条**　国家积极开展数据安全治理、数据开发利用等领域的国际交流与合作，参与数据安全相关国际规则和标准的制定，促进数据跨境安全、自由流动。

**第十二条**　任何个人、组织都有权对违反本法规定的行为向有关主管部门投诉、举报。收到投诉、举报的部门应当及时依法处理。

有关主管部门应当对投诉、举报人的相关信息予以保密，保护投诉、举报人的合法权益。

## 第二章　数据安全与发展

**第十三条**　国家统筹发展和安全，坚持以数据开发利用和产业发展促进数据安全，以数据安全保障数据开发利用和产业发展。

**第十四条**　国家实施大数据战略，推进数据基础设施建设，鼓励和支持数据在各行业、各领域的创新应用。

省级以上人民政府应当将数字经济发展纳入本级国民经济和社会发展规划，并根据需要制定数字经济发展规划。

**第十五条**　国家支持开发利用数据提升公共服务的智能化水平。提供智能化公共服务，应当充分考虑老年人、残疾人的需求，避免对老年人、残疾人的日常生活造成障碍。

**第十六条**　国家支持数据开发利用和数据安全技术研究，鼓励数据开发利用和数据安全等领域的技术推广和商业创新，培育、发展数据开发利用和数据安全产品、产业体系。

**第十七条**　国家推进数据开发利用技术和数据安全标准体系建设。国务院标准化行政主管部门和国务院有关部门根据各自的职责，组织制定并适时修订有关数据开发利用技术、产品和数据安全相关标准。国家支持企业、社会团体和教育、科研机构等参与标准制定。

**第十八条** 国家促进数据安全检测评估、认证等服务的发展，支持数据安全检测评估、认证等专业机构依法开展服务活动。

国家支持有关部门、行业组织、企业、教育和科研机构、有关专业机构等在数据安全风险评估、防范、处置等方面开展协作。

**第十九条** 国家建立健全数据交易管理制度，规范数据交易行为，培育数据交易市场。

**第二十条** 国家支持教育、科研机构和企业等开展数据开发利用技术和数据安全相关教育和培训，采取多种方式培养数据开发利用技术和数据安全专业人才，促进人才交流。

## 第三章 数据安全制度

**第二十一条** 国家建立数据分类分级保护制度，根据数据在经济社会发展中的重要程度，以及一旦遭到篡改、破坏、泄露或者非法获取、非法利用，对国家安全、公共利益或者个人、组织合法权益造成的危害程度，对数据实行分类分级保护。国家数据安全工作协调机制统筹协调有关部门制定重要数据目录，加强对重要数据的保护。

关系国家安全、国民经济命脉、重要民生、重大公共利益等数据属于国家核心数据，实行更加严格的管理制度。

各地区、各部门应当按照数据分类分级保护制度，确定本地区、本部门以及相关行业、领域的重要数据具体目录，对列入目录的数据进行重点保护。

**第二十二条** 国家建立集中统一、高效权威的数据安全风险评估、报告、信息共享、监测预警机制。国家数据安全工作协调机制统筹协调有关部门加强数据安全风险信息的获取、分析、研判、预警工作。

**第二十三条** 国家建立数据安全应急处置机制。发生数据安全事件，有关主管部门应当依法启动应急预案，采取相应的应急处置措施，防止危害扩大，消除安全隐患，并及时向社会发布与公众有关的警示信息。

**第二十四条** 国家建立数据安全审查制度，对影响或者可能影响国家安全的数据处理活动进行国家安全审查。

依法作出的安全审查决定为最终决定。

**第二十五条** 国家对与维护国家安全和利益、履行国际义务相关的属于管制物项的数据依法实施出口管制。

**第二十六条** 任何国家或者地区在与数据和数据开发利用技术等有关的投资、贸易等方面对中华人民共和国采取歧视性的禁止、限制或者其他类似措施的，中华人民共和国可以根据实际情况对该国家或者地区对等采取措施。

## 第四章 数据安全保护义务

**第二十七条** 开展数据处理活动应当依照法律、法规的规定，建立健全全流程数据安全管理制度，组织开展数据安全教育培训，采取相应的技术措施和其他必要措施，保障数据安全。利用互联网等信息网络开展数据处理活动，应当在网络安全等级保护制度的基础上，履行上述数据安全保护义务。

重要数据的处理者应当明确数据安全负责人和管理机构，落实数据安全保护责任。

**第二十八条** 开展数据处理活动以及研究开发数据新技术，应当有利于促进经济社会发展，增进人民福祉，符合社会公德和伦理。

**第二十九条** 开展数据处理活动应当加强风险监测，发现数据安全缺陷、漏洞等风险时，应当立即采取补救措施；发生数据安全事件时，应当立即采取处置措施，按照规定及时告知用户并向有关主管部门报告。

**第三十条** 重要数据的处理者应当按照规定对其数据处理活动定期开展风险评估，并向有关主管部门报送风险评估报告。

风险评估报告应当包括处理的重要数据的种类、数量，开展数据处理活动的情况，面临的数据安全风险及其应对措施等。

**第三十一条** 关键信息基础设施的运营者在中华人民共和国境内运营中收集和产生的重要数据的出境安全管理，适用《中华人民共和国网络安全法》的规定；其他数据处理者在中华人民共和国境内运营中收集和产生的重要数据的出境安全管理办法，由国家网信部门会同国务院有关部门制定。

**第三十二条** 任何组织、个人收集数据，应当采取合法、正当的方式，不得窃取或者以其他非法方式获取数据。

法律、行政法规对收集、使用数据的目的、范围有规定的，应当在法律、行政法规规定的目的和范围内收集、使用数据。

**第三十三条** 从事数据交易中介服务的机构提供服务，应当要求数据提供方说明数据来源，审核交易双方的身份，并留存审核、交易记录。

**第三十四条** 法律、行政法规规定提供数据处理相关服务应当取得行政许可的，服务提供者应当依法取得许可。

**第三十五条** 公安机关、国家安全机关因依法维护国家安全或者侦查犯罪的需要调取数据，应当按照国家有关规定，经过严格的批准手续，依法进行，有关组织、个人应当予以配合。

**第三十六条** 中华人民共和国主管机关根据有关法律和中华人民共和国缔结或者参加的国际条约、协定，或者按照平等互惠原则，处理外国司法或者执法机构关于提供数据的请求。非经中华人民共和国主管机关批准，境内的组织、个人不得向外国司法或者执法机构提供存储于中华人民共和国境内的数据。

## 第五章 政务数据安全与开放

**第三十七条** 国家大力推进电子政务建设，提高政务数据的科学性、准确性、时效性，提升运用数据服务经济社会发展的能力。

**第三十八条** 国家机关为履行法定职责的需要收集、使用数据，应当在其履行法定职责的范围内依照法律、行政法规规定的条件和程序进行；对在履行职责中知悉的个人隐私、个人信息、商业秘密、保密商务信息等数据应当依法予以保密，不得泄露或者非法向他人提供。

**第三十九条** 国家机关应当依照法律、行政法规的规定，建立健全数据安全管理制度，落实数据安全保护责任，保障政务数据安全。

**第四十条** 国家机关委托他人建设、维护电子政务系统，存储、加工政务数据，应当经过严格的批准程序，并应当监督受托方履行相应的数据安全保护义务。受托方应当依照法律、法规的规定和合同约定履行数据安全保护义务，不得擅自留存、使用、泄露或者向他人提供政务数据。

**第四十一条**　国家机关应当遵循公正、公平、便民的原则，按照规定及时、准确地公开政务数据。依法不予公开的除外。

**第四十二条**　国家制定政务数据开放目录，构建统一规范、互联互通、安全可控的政务数据开放平台，推动政务数据开放利用。

**第四十三条**　法律、法规授权的具有管理公共事务职能的组织为履行法定职责开展数据处理活动，适用本章规定。

## 第六章　法律责任

**第四十四条**　有关主管部门在履行数据安全监管职责中，发现数据处理活动存在较大安全风险的，可以按照规定的权限和程序对有关组织、个人进行约谈，并要求有关组织、个人采取措施进行整改，消除隐患。

**第四十五条**　开展数据处理活动的组织、个人不履行本法第二十七条、第二十九条、第三十条规定的数据安全保护义务的，由有关主管部门责令改正，给予警告，可以并处五万元以上五十万元以下罚款，对直接负责的主管人员和其他直接责任人员可以处一万元以上十万元以下罚款；拒不改正或者造成大量数据泄露等严重后果的，处五十万元以上二百万元以下罚款，并可以责令暂停相关业务、停业整顿、吊销相关业务许可证或者吊销营业执照，对直接负责的主管人员和其他直接责任人员处五万元以上二十万元以下罚款。

违反国家核心数据管理制度，危害国家主权、安全和发展利益的，由有关主管部门处二百万元以上一千万元以下罚款，并根据情况责令暂停相关业务、停业整顿、吊销相关业务许可证或者吊销营业执照；构成犯罪的，依法追究刑事责任。

**第四十六条** 违反本法第三十一条规定，向境外提供重要数据的，由有关主管部门责令改正，给予警告，可以并处十万元以上一百万元以下罚款，对直接负责的主管人员和其他直接责任人员可以处一万元以上十万元以下罚款；情节严重的，处一百万元以上一千万元以下罚款，并可以责令暂停相关业务、停业整顿、吊销相关业务许可证或者吊销营业执照，对直接负责的主管人员和其他直接责任人员处十万元以上一百万元以下罚款。

**第四十七条** 从事数据交易中介服务的机构未履行本法第三十三条规定的义务的，由有关主管部门责令改正，没收违法所得，处违法所得一倍以上十倍以下罚款，没有违法所得或者违法所得不足十万元的，处十万元以上一百万元以下罚款，并可以责令暂停相关业务、停业整顿、吊销相关业务许可证或者吊销营业执照；对直接负责的主管人员和其他直接责任人员处一万元以上十万元以下罚款。

**第四十八条** 违反本法第三十五条规定，拒不配合数据调取的，由有关主管部门责令改正，给予警告，并处五万元以上五十万元以下罚款，对直接负责的主管人员和其他直接责任人员处一万元以上十万元以下罚款。

违反本法第三十六条规定，未经主管机关批准向外国司法或者执法机构提供数据的，由有关主管部门给予警告，可以并处十万元以上一百万元以下罚款，对直接负责的主管人员和其他直接责任人员可以处一万元以上十万元以下罚款；造成严重后果的，处一百万元以上五百万元以下罚款，并可以责令暂停相关业务、停业整顿、吊销相关业务许可证或者吊销营业执照，对直接负责的主管人员和其他直接责任人员处五万元以上五十万元以下罚款。

**第四十九条** 国家机关不履行本法规定的数据安全保护义务的，对直接负责的主管人员和其他直接责任人员依法给予处分。

**第五十条** 履行数据安全监管职责的国家工作人员玩忽职守、滥用职权、徇私舞弊的，依法给予处分。

**第五十一条** 窃取或者以其他非法方式获取数据，开展数据处理活动排除、限制竞争，或者损害个人、组织合法权益的，依照有关法律、行政法规的规定处罚。

**第五十二条** 违反本法规定，给他人造成损害的，依法承担民事责任。

违反本法规定，构成违反治安管理行为的，依法给予治安管理处罚；构成犯罪的，依法追究刑事责任。

## 第七章　附　　则

**第五十三条** 开展涉及国家秘密的数据处理活动，适用《中华人民共和国保守国家秘密法》等法律、行政法规的规定。

在统计、档案工作中开展数据处理活动，开展涉及个人信息的数据处理活动，还应当遵守有关法律、行政法规的规定。

**第五十四条** 军事数据安全保护的办法，由中央军事委员会依据本法另行制定。

**第五十五条** 本法自 2021 年 9 月 1 日起施行。

# 最高人民法院关于审理使用人脸识别技术处理个人信息相关民事案件适用法律若干问题的规定

（2021年6月8日最高人民法院审判委员会第1841次会议通过　2021年7月27日最高人民法院公告公布自2021年8月1日起施行　法释〔2021〕15号）

为正确审理使用人脸识别技术处理个人信息相关民事案件，保护当事人合法权益，促进数字经济健康发展，根据《中华人民共和国民法典》《中华人民共和国网络安全法》《中华人民共和国消费者权益保护法》《中华人民共和国电子商务法》《中华人民共和国民事诉讼法》等法律的规定，结合审判实践，制定本规定。

**第一条**　因信息处理者违反法律、行政法规的规定或者双方的约定使用人脸识别技术处理人脸信息、处理基于人脸识别技术生成的人脸信息所引起的民事案件，适用本规定。

人脸信息的处理包括人脸信息的收集、存储、使用、加工、传输、提供、公开等。

本规定所称人脸信息属于民法典第一千零三十四条规定的“生物识别信息”。

**第二条**　信息处理者处理人脸信息有下列情形之一的，人民法院应当认定属于侵害自然人人格权益的行为：

（一）在宾馆、商场、银行、车站、机场、体育场馆、娱乐场所等经营场所、公共场所违反法律、行政法规的规定使用人脸识别技术进行人脸验证、辨识或者分析；

（二）未公开处理人脸信息的规则或者未明示处理的目的、方式、范围；

（三）基于个人同意处理人脸信息的，未征得自然人或者其监护人的单独同意，或者未按照法律、行政法规的规定征得自然人或者其监护人的书面同意；

（四）违反信息处理者明示或者双方约定的处理人脸信息的目的、方式、范围等；

（五）未采取应有的技术措施或者其他必要措施确保其收集、存储的人脸信息安全，致使人脸信息泄露、篡改、丢失；

（六）违反法律、行政法规的规定或者双方的约定，向他人提供人脸信息；

（七）违背公序良俗处理人脸信息；

（八）违反合法、正当、必要原则处理人脸信息的其他情形。

**第三条** 人民法院认定信息处理者承担侵害自然人人格权益的民事责任，应当适用民法典第九百九十八条的规定，并结合案件具体情况综合考量受害人是否为未成年人、告知同意情况以及信息处理的必要程度等因素。

**第四条** 有下列情形之一，信息处理者以已征得自然人或者其监护人同意为由抗辩的，人民法院不予支持：

（一）信息处理者要求自然人同意处理其人脸信息才提供产品或者服务的，但是处理人脸信息属于提供产品或者服务所必需的除外；

（二）信息处理者以与其他授权捆绑等方式要求自然人同意处理其人脸信息的；

（三）强迫或者变相强迫自然人同意处理其人脸信息的其他情形。

**第五条** 有下列情形之一，信息处理者主张其不承担民事责任的，人民法院依法予以支持：

（一）为应对突发公共卫生事件，或者紧急情况下为保护自然人的生命健康和财产安全所必需而处理人脸信息的；

（二）为维护公共安全，依据国家有关规定在公共场所使用人脸识别技术的；

（三）为公共利益实施新闻报道、舆论监督等行为在合理的范围内处理人脸信息的；

（四）在自然人或者其监护人同意的范围内合理处理人脸信息的；

（五）符合法律、行政法规规定的其他情形。

**第六条** 当事人请求信息处理者承担民事责任的，人民法院应当依据民事诉讼法第六十四条及《最高人民法院关于适用〈中华人民共和国民事诉讼法〉的解释》第九十条、第九十一条，《最高人民法院关于民事诉讼证据的若干规定》的相关规定确定双方当事人的举证责任。

信息处理者主张其行为符合民法典第一千零三十五条第一款规定情形的，应当就此所依据的事实承担举证责任。

信息处理者主张其不承担民事责任的，应当就其行为符合本规定第五条规定的情形承担举证责任。

**第七条** 多个信息处理者处理人脸信息侵害自然人人格权益，该自然人主张多个信息处理者按照过错程度和造成损害结果的大小承担侵权责任的，人民法院依法予以支持；符合民法典第一千一百六十八条、第一千一百六十九条第一款、第一千一百七十条、第一千一百七十一条等规定的相应情形，该自然人主张多个信息处理者承担连带责任的，人民法院依法予以支持。

信息处理者利用网络服务处理人脸信息侵害自然人人格权益的，适用民法典第一千一百九十五条、第一千一百九十六条、第一千一百九十七条等规定。

**第八条** 信息处理者处理人脸信息侵害自然人人格权益造成财产损失，该自然人依据民法典第一千一百八十二条主张财产损害赔偿的，人民法院依法予以支持。

自然人为制止侵权行为所支付的合理开支，可以认定为民法典第一千一百八十二条规定的财产损失。合理开支包括该自然人或者委托代理人对侵权行为进行调查、取证的合理费用。人民法院根据当事人的请求和具体案情，可以将合理的律师费用计算在赔偿范围内。

**第九条** 自然人有证据证明信息处理者使用人脸识别技术正在实施或者即将实施侵害其隐私权或者其他人格权益的行为，不及时制止将使其合法权益受到难以弥补的损害，向人民法院申请采取责令信息处理者停止有关行为的措施的，人民法院可以根据案件具体情况依法作出人格权侵害禁令。

**第十条** 物业服务企业或者其他建筑物管理人以人脸识别作为业主或者物业使用人出入物业服务区域的唯一验证方式，不同意的业主或者物业使用人请求其提供其他合理验证方式的，人民法院依法予以支持。

物业服务企业或者其他建筑物管理人存在本规定第二条规定的情形，当事人请求物业服务企业或者其他建筑物管理人承担侵权责任的，人民法院依法予以支持。

**第十一条** 信息处理者采用格式条款与自然人订立合同，要求自然人授予其无期限限制、不可撤销、可任意转授权等处理人脸信息的权利，该自然人依据民法典第四百九十七条请求确认格式条款无效的，人民法院依法予以支持。

**第十二条** 信息处理者违反约定处理自然人的人脸信息，该自然人请求其承担违约责任的，人民法院依法予以支持。该自然人请求信息处理者承担违约责任时，请求删除人脸信息的，人民法院依法予以支持；信息处理者以双方未对人脸信息的删除作出约定为由抗辩的，人民法院不予支持。

**第十三条** 基于同一信息处理者处理人脸信息侵害自然人人格权益发生的纠纷，多个受害人分别向同一人民法院起诉的，经当事人同意，人民法院可以合并审理。

**第十四条** 信息处理者处理人脸信息的行为符合民事诉讼法第五十五条、消费者权益保护法第四十七条或者其他法律关于民事公益诉讼的相关规定，法律规定的机关和有关组织提起民事公益诉讼的，人民法院应予受理。

**第十五条** 自然人死亡后，信息处理者违反法律、行政法规的规定或者双方的约定处理人脸信息，死者的近亲属依据民法典第九百九十四条请求信息处理者承担民事责任的，适用本规定。

**第十六条** 本规定自2021年8月1日起施行。

信息处理者使用人脸识别技术处理人脸信息、处理基于人脸识别技术生成的人脸信息的行为发生在本规定施行前的，不适用本规定。

# 最高人民法院关于审理利用信息网络侵害人身权益民事纠纷案件适用法律若干问题的规定

（2014年6月23日最高人民法院审判委员会第1621次会议通过　根据2020年12月23日最高人民法院审判委员会第1823次会议通过的《最高人民法院关于修改〈最高人民法院关于在民事审判工作中适用《中华人民共和国工会法》若干问题的解释〉等二十七件民事类司法解释的决定》修正　2020年12月29日最高人民法院公告公布　自2021年1月1日起施行　法释〔2020〕17号）

为正确审理利用信息网络侵害人身权益民事纠纷案件，根据《中华人民共和国民法典》《全国人民代表大会常务委员会关于加强网络信息保护的决定》《中华人民共和国民事诉讼法》等法律的规定，结合审判实践，制定本规定。

**第一条**　本规定所称的利用信息网络侵害人身权益民事纠纷案件，是指利用信息网络侵害他人姓名权、名称权、名誉权、荣誉权、肖像权、隐私权等人身权益引起的纠纷案件。

**第二条**　原告依据民法典第一千一百九十五条、第一千一百九十七条的规定起诉网络用户或者网络服务提供者的，人民法院应予受理。

原告仅起诉网络用户，网络用户请求追加涉嫌侵权的网络服务提供者为共同被告或者第三人的，人民法院应予准许。

原告仅起诉网络服务提供者，网络服务提供者请求追加可以确定的网络用户为共同被告或者第三人的，人民法院应予准许。

**第三条** 原告起诉网络服务提供者，网络服务提供者以涉嫌侵权的信息系网络用户发布为由抗辩的，人民法院可以根据原告的请求及案件的具体情况，责令网络服务提供者向人民法院提供能够确定涉嫌侵权的网络用户的姓名（名称）、联系方式、网络地址等信息。

网络服务提供者无正当理由拒不提供的，人民法院可以依据民事诉讼法第一百一十四条的规定对网络服务提供者采取处罚等措施。

原告根据网络服务提供者提供的信息请求追加网络用户为被告的，人民法院应予准许。

**第四条** 人民法院适用民法典第一千一百九十五条第二款的规定，认定网络服务提供者采取的删除、屏蔽、断开链接等必要措施是否及时，应当根据网络服务的类型和性质、有效通知的形式和准确程度、网络信息侵害权益的类型和程度等因素综合判断。

**第五条** 其发布的信息被采取删除、屏蔽、断开链接等措施的网络用户，主张网络服务提供者承担违约责任或者侵权责任，网络服务提供者以收到民法典第一千一百九十五条第一款规定的有效通知为由抗辩的，人民法院应予支持。

**第六条** 人民法院依据民法典第一千一百九十七条认定网络服务提供者是否“知道或者应当知道”，应当综合考虑下列因素：

（一）网络服务提供者是否以人工或者自动方式对侵权网

络信息以推荐、排名、选择、编辑、整理、修改等方式作出处理；

（二）网络服务提供者应当具备的管理信息的能力，以及所提供服务的性质、方式及其引发侵权的可能性大小；

（三）该网络信息侵害人身权益的类型及明显程度；

（四）该网络信息的社会影响程度或者一定时间内的浏览量；

（五）网络服务提供者采取预防侵权措施的技术可能性及其是否采取了相应的合理措施；

（六）网络服务提供者是否针对同一网络用户的重复侵权行为或者同一侵权信息采取了相应的合理措施；

（七）与本案相关的其他因素。

**第七条**　人民法院认定网络用户或者网络服务提供者转载网络信息行为的过错及其程度，应当综合以下因素：

（一）转载主体所承担的与其性质、影响范围相适应的注意义务；

（二）所转载信息侵害他人人身权益的明显程度；

（三）对所转载信息是否作出实质性修改，是否添加或者修改文章标题，导致其与内容严重不符以及误导公众的可能性。

**第八条**　网络用户或者网络服务提供者采取诽谤、诋毁等手段，损害公众对经营主体的信赖，降低其产品或者服务的社会评价，经营主体请求网络用户或者网络服务提供者承担侵权责任的，人民法院应依法予以支持。

**第九条**　网络用户或者网络服务提供者，根据国家机关依职权制作的文书和公开实施的职权行为等信息来源所发布的信息，有下列情形之一，侵害他人人身权益，被侵权人请求侵权人承担侵权责任的，人民法院应予支持：

（一）网络用户或者网络服务提供者发布的信息与前述信息来源内容不符；

（二）网络用户或者网络服务提供者以添加侮辱性内容、诽谤性信息、不当标题或者通过增删信息、调整结构、改变顺序等方式致人误解；

（三）前述信息来源已被公开更正，但网络用户拒绝更正或者网络服务提供者不予更正；

（四）前述信息来源已被公开更正，网络用户或者网络服务提供者仍然发布更正之前的信息。

**第十条** 被侵权人与构成侵权的网络用户或者网络服务提供者达成一方支付报酬，另一方提供删除、屏蔽、断开链接等服务的协议，人民法院应认定为无效。

擅自篡改、删除、屏蔽特定网络信息或者以断开链接的方式阻止他人获取网络信息，发布该信息的网络用户或者网络服务提供者请求侵权人承担侵权责任的，人民法院应予支持。接受他人委托实施该行为的，委托人与受托人承担连带责任。

**第十一条** 网络用户或者网络服务提供者侵害他人人身权益，造成财产损失或者严重精神损害，被侵权人依据民法典第一千一百八十二条和第一千一百八十三条的规定，请求其承担赔偿责任的，人民法院应予支持。

**第十二条** 被侵权人为制止侵权行为所支付的合理开支，可以认定为民法典第一千一百八十二条规定的财产损失。合理开支包括被侵权人或者委托代理人对侵权行为进行调查、取证的合理费用。人民法院根据当事人的请求和具体案情，可以将符合国家有关部门规定的律师费用计算在赔偿范围内。

被侵权人因人身权益受侵害造成的财产损失以及侵权人因此获得的利益难以确定的，人民法院可以根据具体案情在 50 万元以下的范围内确定赔偿数额。

**第十三条** 本规定施行后人民法院正在审理的一审、二审案件适用本规定。

本规定施行前已经终审，本规定施行后当事人申请再审或者按照审判监督程序决定再审的案件，不适用本规定。

**图书在版编目（CIP）数据**

中华人民共和国个人信息保护法重点解读与案例解析/刘新宇编著．—北京：中国法制出版社，2021.8

ISBN 978-7-5216-2120-4

Ⅰ.①中… Ⅱ.①刘… Ⅲ.①个人信息-法律保护-法律解释-中国②个人信息-法律保护-案例-中国 Ⅳ.①D923.75

中国版本图书馆 CIP 数据核字（2021）第 171665 号

责任编辑　刘晓霞　　　　封面设计　蒋　怡

---

**中华人民共和国个人信息保护法重点解读与案例解析**

ZHONGHUA RENMIN GONGHEGUO GEREN XINXI BAOHUFA ZHONGDIAN JIEDU YU ANLI JIEXI

经销/新华书店

印刷/三河市紫恒印装有限公司

开本/880 毫米×1230 毫米　32 开　　　　印张/8　字数/146 千

版次/2021 年 8 月第 1 版　　　　2021 年 8 月第 1 次印刷

---

中国法制出版社出版

书号 ISBN 978-7-5216-2120-4　　　　定价：26.00 元

北京市西城区西便门西里甲 16 号西便门办公区

邮政编码：100053　　　　传真：010-63141852

**网址：http：//www.zgfzs.com　　　　编辑部电话：010-63141664**

**市场营销部电话：010-63141612　　　　印务部电话：010-63141606**